古典文獻研究輯刊

三三編

潘美月・杜潔祥 主編

第 2 冊

中國法律史研究論著目錄（2011～2020）（下）

閆強樂 著

國家圖書館出版品預行編目資料

中國法律史研究論著目錄（2011～2020）（下）／閆強樂 著 --
初版 -- 新北市：花木蘭文化事業有限公司，2021〔民110〕
目 2+180 面；19×26 公分
（古典文獻研究輯刊 三三編；第 2 冊）
ISBN 978-986-518-618-0（精裝）
1. 中國法制史
011.08   110012071

ISBN-978-986-518-618-0

9 789865 186180

古典文獻研究輯刊
三三編　第二冊　　　　　　　ISBN：978-986-518-618-0

中國法律史研究論著目錄（2011～2020）（下）

作　　者　閆強樂
主　　編　潘美月、杜潔祥
總 編 輯　杜潔祥
副總編輯　楊嘉樂
編　　輯　許郁翎、張雅淋、潘玟靜　美術編輯　陳逸婷
出　　版　花木蘭文化事業有限公司
發 行 人　高小娟
聯絡地址　235 新北市中和區中安街七二號十三樓
　　　　　電話：02-2923-1455／傳真：02-2923-1452
網　　址　http://www.huamulan.tw 信箱 service@huamulans.com
印　　刷　普羅文化出版廣告事業
初　　版　2021 年 9 月
全書字數　330307 字
定　　價　三三編 36 冊（精裝）台幣 90,000 元

中國法律史研究論著目錄（2011～2020）（下）

閆強樂　著

目

次

第三章　中國近現代法律史

一、近代法律通史

1. 陳根發：《辛亥革命與近代傳媒法制》，《蘇州大學學報》2011 年第 6 期。

2. 陳建平：《近代中國社會地方民主政治實踐的歷史考察——以民初湖南省地方議員選舉為例》，《現代法學》2011 年第 3 期。

3. 陳歷幸：《王國維與近代中國法學翻譯事業的發端》，《中國政法大學學報》2011 年第 2 期。

4. 高全喜：《變法圖強與保守的現代性》，《法學研究》2011 年第 5 期。

5. 韓冰：《論近代中國民法變遷中的所有權絕對原則》，《河北法學》2011 年第 1 期。

6. 韓軼：《從「民族認同」到「憲法認同」——立憲主義視角下民族與國家關係之反思與重構》，《法學評論》2011 年第 3 期。

7. 何勤華：《法的國際化與本土化：以中國近代移植外國法實踐為中心的思考》，《中國法學》2011 年第 4 期。

8. 李光和：《中國司法檢驗體制的近代化轉型——以法醫取代仵作作為中心的歷史考察》，《歷史檔案》2011 年第 2 期。

9. 李煒光：《梁啟超：中國公共財政的啟蒙師與先行者》，《政法論壇》2011 年第 4 期。

10. 李雲霖：《近代中國議會制度的歷程、特質與啟示》，《政治與法律》2011 年第 3 期。

11. 劉濤、趙曉耕：《中國近代檢察職能在司法實踐中的具體體現》，《湘潭大

學學報》2011 年第 2 期。

12. 劉昕杰：《近代中國基層司法中的批詞研究》，《政法論叢》2011 年第 2 期。

13. 劉昕杰：《實用型司法：近代中國基層民事審判傳統》，《四川大學學報》2011 年第 2 期。

14. 呂鐵貞：《近代外商來華投資工業法律制度評析》，《中州學刊》2011 年第 2 期。

15. 馬登科：《近現代民事執行制度演進的歷史軌跡》，《求索》2011 年第 8 期。

16. 馬小紅：《近代中國憲政的歷史考察》，《政法論壇》2011 年第 1 期。

17. 邱志紅：《從「訟師」到「律師」——從翻譯看近代中國社會對律師的認知》，《近代史研究》2011 年第 3 期。

18. 任惠華：《論中國近代偵查的性質和特點》，《中國人民公安大學學報》2011 年第 4 期。

19. 沈嵐：《中國近代警察職權立法擴張的背景——以違警罰法為視角》，《學術界》2011 年第 9 期。

20. 沈嵐：《中國近代治安處罰法規的演變——以違警罰法的去刑法化為視角》，《政法論壇》2011 年第 4 期。

21. 談蕭：《近代以來中國商會治理變遷及其法制意義》，《法學論壇》2011 年第 3 期。

22. 王立民：《論上海租界法制的差異》，《法學》2011 年第 7 期。

23. 王立民：《中國城市中的租界法與華界法——以近代上海為中心》，《比較法研究》2011 年第 3 期。

24. 王新宇：《近代女子財產繼承權的解讀與反思》，《政法論壇》2011 年第 6 期。

25. 武建敏：《百年中國法治探尋的類型學思考》，《河北法學》2011 年第 9 期。

26. 武樹臣：《移植與播種——個人本位法律觀在中國的命運》，《河北法學》2011 年第 9 期。

27. 楊曉強：《淺談中國對外國法及法學的移植》，《武漢大學學報》2011 年第 6 期。

28. 楊志民：《「宏大敘事」範式下的近代中國立憲》，《武漢大學學報》2011年第 6 期。

29. 楊志民：《傳統宗法文化與近代中國立憲》，《法學評論》2011 年第 2 期。

30. 袁兵喜：《從近代民權向當代人權的接轉：觀念重構與制度更新》，《法學雜誌》2011 年第 7 期。

31. 張晉藩：《從晚清修律官「固有民法論」所想到的》，《當代法學》2011 年第 4 期。

32. 張新寶、張紅：《中國民法百年變遷》，《中國社會科學》2011 年第 6 期。

33. 趙明：《中國走向法治百年》，《法學研究》2011 年第 5 期。

34. 周洪波：《強國的現代政法邏輯與中國問題》，《法學研究》2011 年第 5 期。

35. 周偉：《法律殖民與文明秩序的轉換——以十九世紀中期澳門法律文化的變遷為例》，《比較法研究》2011 年第 2 期。

36. 周子良：《論山西票號的習慣法體系》，《山西大學學報》2011 年第 2 期。

37. 朱勇：《從海關到家庭：近代中國法律制度變革的價值效應》，《中國法學》2011 年第 4 期。

38. 曾加、劉亮：《陝西法政學堂與近代中國西部的法學高等教育》，《西北大學學報》2012 年第 3 期。

39. 杜正貞：《晚清民國時期的祭田輪值糾紛——從浙江龍泉司法檔案看親屬繼承制度的演變》，《近代史研究》2012 年第 1 期。

40. 郝洪斌、閆寶龍：《民間調解由傳統到現代的歷史演進及其借鑒意義》，《東嶽論叢》2012 年第 3 期。

41. 蔣鐵初：《中國傳統量刑制度的近代化——以〈大清新刑律〉為對象》，《政法論叢》2012 年第 2 期。

42. 荊月新：《體制內之殤——論近代地方自治對紳權的損害》，《華東政法大學學報》2012 年第 5 期。

43. 柳颯：《近代中國權利觀念的嬗變與重構》，《法學評論》2012 年第 3 期。

44. 柳颯：《中國近代基本法權利規範在實證法律中的變遷》，《求索》2012 年第 8 期。

45. 牟憲魁：《大法官釋憲制度在近代中國的形成及其初步實踐》，《山東大學學報》2012 年第 1 期。

46. 屈文生：《一項關於近代「憲法」概念史的研究──以清末民初的若干法律辭書為考察視角》，《貴州社會科學》2012 年第 7 期。

47. 沈嵐：《新生活運動與中國近代的治安處罰法──以妨害風俗類治安處罰的立法演變為視角》，《比較法研究》2012 年第 1 期。

48. 王靜：《中國近代商會法的演進與影響》，《天津社會科學》2012 年第 5 期。

49. 王立民：《上海律師公會與中國近代法制》，《探索與爭鳴》2012 年第 11 期。

50. 王雪梅：《官方與民間合力，制定法與習慣法並用──清末民初債務問題的解決途徑與方式探析》，《四川師範大學學報》2012 年第 6 期。

51. 王勇：《傳統政教觀與晚清立憲觀念的譜系沿革》，《當代法學》2012 年第 4 期。

52. 吳琦：《近世知識群體的專業化與社會變遷──以史家、儒醫、訟師為中心的考察》，《學習與探索》2012 年第 7 期。

53. 楊宗科：《中國傳統法學的基本問題及其近代轉型》，《甘肅政法學院學報》2012 年第 2 期。

54. 張勤：《清末民初的典習慣與司法裁判──以奉天省為中心的考察》，《北方法學》2012 年第 5 期。

55. 張群：《中國近代保密法制與新聞自由》，《政法論壇》2012 年第 3 期。

56. 張仁善：《近代法學期刊：司法改革的「推手」》，《政法論壇》2012 年第 1 期。

57. 張銳智：《〈中華民國臨時約法〉與近代中國的憲政走向──基於法律文本的分析》，《社會科學輯刊》2012 年第 2 期。

58. 張淑娟：《近代北京司法體系的變動與啟示（1907～1937）》，《北京社會科學》2012 年第 4 期。

59. 張松：《中國傳統商事習慣的形成及其近代演變》，《求索》2012 年第 8 期。

60. 張亞飛：《「親屬」概念在近代中國民法文獻中之變遷》，《蘭州學刊》2012 年第 6 期。

61. 章永樂：《共和政體與國家建設：中國近代憲政史反思》，《中外法學》2012 年第 1 期。

62. 趙林鳳：《仿製與揉合：汪榮寶與中國近代憲法》，《求索》2012 年第 11 期。

63. 周成泓：《中國近代民事證人制度述略》，《求索》2012 年第 5 期。

64. 蔡曉榮：《中國近代侵權行為法學的理論譜系：知識立場的回顧與梳理》，《法制與社會發展》2013 年第 1 期。

65. 陳勝強：《文化基因與近代中國憲法變遷》，《河北法學》2013 年第 9 期。

66. 陳泫伊：《近代雲南海關法律制度研究》，《思想戰線》2013 年第 1 期。

67. 陳頤：《清末民國時期法典翻譯序說》，《法學》2013 年第 8 期。

68. 鄧建鵬、邱凱：《從合意到強制：清至民國清水江糾紛文書研究》，《甘肅政法學院學報》2013 年第 1 期。

69. 鄧建鵬：《清至民國苗族林業糾紛的解決方式──以清水江「認錯字」文書為例》，《湖北大學學報》2013 年第 4 期。

70. 丁潔琳：《梁啟超與中國近代憲政》，《中國政法大學學報》2013 年第 1 期。

71. 馮子軒：《從憲法文本看中國近代文官考試變遷》，《重慶大學學報》2013 年第 2 期。

72. 龔汝富：《江西近代法律人成長軌跡淺探──以律師藍鼎中為例》，《江西師範大學學報》2013 年第 6 期。

73. 李佳、王建芹：《論近代行政法學體系的形成──對概念法學方法論史的考查》，《湖南社會科學》2013 年第 6 期。

74. 李婧：《論近代中國股份公司制銀行的法律規制》，《江西社會科學》2013 年第 5 期。

75. 李遊、李棟：《西法對中國法制近代化的影響──以郭嵩燾的法政思想為主線》，《比較法研究》2013 年第 3 期。

76. 林濱渤：《論近代中國遺棄罪立法對大陸法系之法律繼受》，《復旦學報》2013 年第 2 期。

77. 劉暢：《有關國家主體資格在近代中國國際法中的認知》，《理論月刊》2013 年第 5 期。

78. 劉為勇：《中國近代憲法中營業自由權研究》，《江西社會科學》2013 年第 10 期。

79. 欒爽：《社會變遷與契約法制──關於近代中國社會的一種考察》，《政

治與法律》2013 年第 9 期。

80. 牟振宇：《近代上海法國領事館契相關問題考證》，《史林》2013 年第 1 期。

81. 沈臻懿、杜志淳：《中國近現代司法鑒定早期嬗變與演進研究》，《甘肅政法學院學報》2013 年第 3 期。

82. 石晶：《司法獨立與制度建構：從傳統到現代──基於日中近代司法獨立的歷史分析》，《求索》2013 年第 4 期。

83. 王立民：《試論中國租界法制的傳播與普及──以上海租界法制的傳播與普及為中心》，《政治與法律》2013 年第 4 期。

84. 王立民：《中國近代法制自主性諸問題研究》，《華東師範大學學報》2013 年第 3 期。

85. 王勇：《近代中國法理觀念譜系中的新陳代謝》，《社會科學戰線》2013 年第 10 期。

86. 夏揚：《法律移植、法律工具主義與制度異化──以近代著作權立法為背景》，《政法論壇》2013 年第 4 期。

87. 徐駿：《近代中國語境下議事規則的融合與游離》，《法學》2013 年第 5 期。

88. 許章潤：《中國近代法制的世俗理性主義》，《清華法學》2013 年第 6 期。

89. 閻立：《〈大清國籍條例〉制定過程之考證》，《史林》2013 年第 1 期。

90. 張誌銘：《回眸和展望：百年中國律師的發展軌跡》，《國家檢察官學院學報》2013 年第 1 期。

91. 趙國輝：《中國近代外交與法制源起》，《中國政法大學學報》2013 年第 6 期。

92. 鄭景元：《商事營利性理論的新發展──從傳統到現代》，《比較法研究》2013 年第 1 期。

93. 鍾勇華：《清末民初華洋訴訟雙軌理案體制產生及其司法實踐之影響》，《蘭州學刊》2013 年第 10 期。

94. 鄒亞莎：《典權近代化變革的歷史評析》，《河北大學學報》2013 年第 2 期。

95. 包有鵬、李靜瑋：《中國民間訴訟觀念的歷史變遷──基於韶山毛氏族譜的研究》，《求索》2014 年第 9 期。

96. 陳同：《律師制度的建立與近代中國社會變遷》,《社會科學》2014 年第
　　7 期。

97. 方瀟：《革命與承襲：中國傳統曆法的近代轉型》,《華東政法大學學報》
　　2014 年第 3 期。

98. 高漢成：《中國近代刑法繼受的肇端和取向——以 1907 年大清新刑律草
　　案簽注為視角的考察》,《政法論壇》2014 年第 5 期。

99. 何焯賢、李玉：《中國的商標法及其實施》,《民國檔案》2014 年第 1 期。

100. 黃利紅：《住宅不受侵犯權在中國近現代的演變及其基本屬性》,《河北
　　學刊》2014 年第 1 期。

101. 江國華：《中國國家榮譽制度立法的歷史考察（1881～1949）》,《政法論
　　叢》2014 年第 2 期。

102. 蘭圖、欒雪飛：《近代中國社團立法的演進及啟示》,《學術交流》2014 年
　　第 7 期。

103. 劉暢：《近代中國有關個人國際法主體地位的相峙與論戰》,《理論月刊》
　　2014 年第 7 期。

104. 馬建紅：《清末民初民事習慣調查的勃興與民間規範的式微》,《政法論
　　叢》2014 年第 2 期。

105. 聶衛鋒：《中國民商立法體例歷史考——從晚清到民國的立法政策與學
　　說爭論》,《政法論壇》2014 年第 1 期。

106. 桑本謙：《科技進步與中國刑法的近現代變革》,《政法論壇》2014 年第
　　5 期,第 39～51 頁。

107. 王貴松：《論近代中國行政法學的起源》,《法學家》2014 年第 4 期。

108. 王立民：《牴觸或接受：華人對中國租界法制的態度——以上海租界的
　　兩個法制事例為出發點》,《政治與法律》2014 年第 9 期。

109. 王雪梅：《清末民初商事習慣的特點及其與商法的關係——以商事習慣
　　調查報告資料為依據的考察》,《四川師範大學學報》2014 年第 1 期。

110. 吳歡：《清末民初行政訴訟法制中的「民告官」傳統遺存》,《北方法學》
　　2014 年第 2 期。

111. 徐祖瀾：《清末民初國家權力與紳權關係的歷史嬗變：以鄉村自治為背
　　景的考察》,《中外法學》2014 年第 3 期。

112. 楊彥增：《清至民國時期黔東南苗族民眾的證據意識及其啟示》,《理論

月刊》2014 年第 11 期。

113. 張俊峰：《清至民國山西水利社會中的公私水交易——以新發現的水契和水碑為中心》，《近代史研究》2014 年第 5 期。

114. 張松：《從公議到公斷：清至民國民間商事解紛形式的嬗變》，《政法論壇》2014 年第 5 期。

115. 章育良、許峰：《中國法醫學期刊的先鋒——〈法醫月刊〉初探》，《湘潭大學學報》2014 年第 2 期。

116. 周秋光、曾桂林：《中國慈善立法：歷史、現狀及建議》，《南京社會科學》2014 年第 12 期。

117. 畢連芳、任吉東：《中國近代法官的職業使命探析》，《福建論壇》2015 年第 8 期。

118. 畢連芳：《中國近代的法官迴避制度》，《安徽師範大學學報》2015 年第 1 期。

119. 鄧建鵬：《清末民初法制移植與實效分析——以訟費法規為切入點》，《華東政法大學學報》2015 年第 6 期。

120. 富童：《近代監犯申訴權立法研究》，《湖南師範大學社會科學學報》2015 年第 5 期。

121. 龔汝富：《廟謨未定星霜易，又是蕭蕭蘆荻秋——法學家吳昆吾在江西》，《江西師範大學學報》2015 年第 1 期。

122. 何邦武：《清季現代自由心證知識體系形成考釋》，《法學評論》2015 年第 3 期。

123. 胡慧馨：《社會變革時期的言論自由空間——清末民初三十餘年報刊輿論透視》，《甘肅政法學院學報》2015 年第 3 期。

124. 胡曉進：《清末民初美國憲法在中國的翻譯與傳播》，《華東政法大學學報》2015 年第 3 期。

125. 黃瑞亭：《〈法醫月刊〉辦刊特色與歷史作用》，《中國法醫學雜誌》2015 年第 5 期。

126. 黃瑞亭：《羅文干與中國早期的法醫研究所》，《中國法醫學雜誌》2015 年第 3 期。

127. 李嚴成、鄒愛華：《法律近代化與律師公會制度的建立》，《湖北大學學報》2015 年第 1 期。

128. 李洋：《從詞義到語境：「治外法權」誤讀、誤用及誤會》，《社會科學》 2015 年第 2 期。

129. 聶鑫：《近代中國憲制的發展》，《中國法學》2015 年第 2 期。

130. 邱志紅：《從「訟師」到「律師」——認識律師制度在近代中國建立的另外一種路徑》，載中國社會科學院近代史研究所編：《第三屆近代中國與世界國際學術研討會論文集（全四卷）》，社會科學文獻出版社，2015 年版。

131. 孫德鵬：《章太炎與中國近代法律觀》，載《人大法律評論》編輯委員會組編：《人大法律評論》第 19 輯，法律出版社，2015 年版。

132. 田濤：《知識史視角下的國際法傳播：清季科舉考試中的公法試題》，載《人大法律評論》編輯委員會組編：《人大法律評論》2015 年卷第 2 輯，法律出版社，2015 年版。

133. 王紅曼：《中國近代移植日本金融法之考察》，載朱英主編：《近代史學刊》第 13 輯，社會科學文獻出版社，2015 年版。

134. 王立民：《百年中國租界的法制變遷——以上海租界法制變遷為中心》，《政法論壇》2015 年第 1 期。

135. 王立民：《中國租界法制與中國法制現代化歷程》，《社會科學》2015 年第 2 期。

136. 王雪梅：《從商標牌號糾紛訴訟看清末民初商民的商標法律意識》，《四川師範大學學報》2015 年第 4 期。

137. 夏新華、丁峰：《繼受與創新：蘇聯憲法文化在中國的歷史際遇》，《湘潭大學學報》2015 年第 5 期。

138. 夏揚：《上海道契特殊法律地位的形成》，《法學家》2015 年第 1 期。

139. 熊金武：《近代中國地價稅思想立法與實踐研究》，《福建論壇》2015 年第 5 期。

140. 徐辰：《規範憲法的政治性前提——論中國近代憲法的效力基礎》，《蘇州大學學報》2015 年第 5 期。

141. 楊瑞：《北京大學法科的緣起與流變》，《近代史研究》2015 年第 3 期。

142. 尤陳俊：《法制變革年代的訴訟話語與知識變遷》，載《中國人民大學法學院教授沙龍》編寫組編著：《中國人民大學法學院教授沙龍》，中國人民大學出版社，2015 年版。

143. 張亞飛：《晚清民國時期親屬相毆之罪刑變遷》，《中國社會科學院研究生院學報》2015 年第 5 期。

144. 趙小波：《近代中國「民權」內涵演變考論：從維新到革命的話語轉換》，《法學家》2015 年第 2 期。

145. 周遊：《近代中國公司法制之形塑及其誘因考論——以股權利益調整為線索》，《法制與社會發展》2015 年第 6 期。

146. 陳福初、盧文：《中日近代專利法之比較研究》，《湖北大學學報》2016 年第 5 期。

147. 郝鐵川：《新民主主義與中國近代法學留學生》，《法學》2016 年第 5 期。

148. 黃河：《中國近代就業促進法制變遷及啟示》，《歷史教學問題》2016 年第 3 期。

149. 李鼎楚：《法正當性「中國建構」的嘗試：中國傳統法理智慧的近代論說及其啟示》，《法律科學》2016 年第 3 期。

150. 李啟成：《法律繼受中的「制度器物化」批判——以近代中國司法制度設計思路為中心》，《法學研究》2016 年第 2 期。

151. 李相森：《異化與回歸：近代中國判例發展演變的軌跡》，《蘇州大學學報（法學版）》2016 年第 1 期。

152. 李育民：《臺灣問題的相關條約及其法律地位的演變》，《史學月刊》2016 年第 3 期。

153. 劉昕杰：《實驗法院：近代中國司法改革的一次地方試點》，載李在全執行主編：《近代中國的法律與政治》，社會科學文獻出版社，2016 年版。

154. 馬洪偉：《傳統法律文化：解讀清末「禮法之爭」的新視角——以晚清民國「無夫姦」罪名存廢之辨為例的考察》，載朱勇主編：《中華法系》（第七卷），法律出版社，2016 年版。

155. 聶鑫：《「剛柔相濟」：近代中國制憲史上的社會權規定》，《政法論壇》2016 年第 4 期。

156. 聶鑫：《財產權憲法化與近代中國社會本位立法》，《中國社會科學》2016 年第 6 期。

157. 聶鑫：《近代中國憲法史上的兩院制問題》，《環球法律評論》2016 年第 6 期。

158. 潘健：《近代日本在華警權之爭——以 1928 年廈門日警越界擅捕韓人事

件為中心》,《廈門大學學報》2016 年第 3 期。

159. 彭博:《近代國家行政力量對中醫醫事糾紛的介入》,《河北法學》2016
年第 12 期。

160. 饒傳平:《學術、思想與政治:法政留學生與清末民初的制憲運動──以
章士釗、李劍農、張君勱為例》,載李在全執行主編:《近代中國的法律
與政治》,社會科學文獻出版社,2016 年版。

161. 唐仕春:《清末北洋時期收回法權與基層司法制度改革》,載李在全執行
主編:《近代中國的法律與政治》,社會科學文獻出版社,2016 年版。

162. 王立民:《中國租界的法學教育與中國法制現代化──以上海租界的東
吳、震旦大學法學教育為例》,《法學雜誌》2016 年第 7 期。

163. 魏治勳:《近代「救亡敘事」中的新法家法治意識形態及其問題》,《社會
科學戰線》2016 年第 1 期。

164. 吳宏耀:《中國近現代立法中的現行犯制度──基於法律移植的考察》,
《中國政法大學學報》2016 年第 1 期。

165. 楊曉輝、郭輝:《中國近代司法行政機構的設置及其權限釐定》,《河北法
學》2016 年第 8 期。

166. 張洪濤:《近代中國的「以禮入法」及其補正──以清末民初民事習慣法
典化為例的實證研究》,《比較法研究》2016 年第 2 期。

167. 張曉飛:《中國近代法上妻子的商事能力立法的法文化分析》,《法律科
學》2016 年第 6 期。

168. 鄭穎慧:《論清末民初縣域司法理念的變遷──以〈塔景亭案牘〉為依
據》,《東南大學學報》2016 年第 4 期。

169. (加)郭威廷:《爭訟人生:〈張棡日記(1888～1942)〉所見清末民國時
期地方社區調解人的生活》,張一民譯,載周東平、朱騰主編:《法律史
譯評(第五卷)》,中西書局,2017 年版。

170. 蔡曉榮:《中國近代民法法典化的理論論爭──兼論對中國當下編纂民
法典之啟示》,《政法論壇》2017 年第 3 期。

171. 曹英:《晚清民間涉外債務糾紛的調解息訟制度》,《湖南師範大學社會
科學學報》2017 年第 2 期。

172. 柴松霞:《近代中日出洋考察憲制之異同比較》,載吳玉章主編:《中國法
律史研究》(2017 年卷),社會科學文獻出版社,2017 年版。

173. 陳多友、鄧宇陽：《近代初期國際法在中日兩國的傳播情況比較——以「萬國公法」為例》，閻純德主編：《漢學研究》第二十二集，學苑出版社，2017 年版。

174. 陳範宏：《清末民國民法總則編立法探賾及啟示》，《中國政法大學學報》2017 年第 6 期。

175. 陳華麗：《〈申報〉與楊乃武案：近代審判公開理念啟蒙的表達》，《社科縱橫》2017 年第 8 期。

176. 陳靈海：《攻法子與「法系」概念輸入中國——近代法學史上的里程碑事件》，《清華法學》2017 年第 6 期。

177. 代劍鋒：《理論與實踐：梁啟超式司法獨立改革的近現代審視》，載朱勇主編：《中華法系》（第十卷），法律出版社，2017 年版。

178. 杜恂誠：《近代中國經濟發展中的成文法與習慣法》，《貴州社會科學》2017 年第 5 期。

179. 公丕祥：《傳統中國的縣域治理及其近代嬗變》，《政法論壇》2017 年第 4 期。

180. 龔汝富：《近代社會轉型中的宗法傳統及其法律規制——以宗祧繼承制度的消解為例》，《江西社會科學》2017 年第 10 期。

181. 郭輝、楊曉輝：《近代監獄改良視閾下的監獄官制度考》，《河北法學》2017 年第 12 期。

182. 韓非凡：《近代秋審與法律文化》，《中華文化論壇》2017 年第 9 期。

183. 韓姍姍：《行走在法學邊緣的中國近代社會學家們——一個法律社會史的思考》，載朱勇主編：《中華法系》（第十卷），法律出版社，2017 年版。

184. 黃源盛：《晚清民國禁革人口買賣再探》，《法治現代化研究》2017 年第 2 期。

185. 江國華、韓玉亭：《清末民初法科留學生與中國法制近代化》，《求索》2017 年第 1 期。

186. 蔣海松：《時務學堂與近代法政教育革新》，《湖南大學學報》2017 年第 6 期。

187. 解錕：《西法東漸之殊途：膠澳與威海衛租借地法制實踐樣本考察》，《政法論壇》2017 年第 4 期。

188. 李德順：《民主與法治——西法東漸後需要轉化的幾個基本理念》，載趙

國輝主編：《交涉中的「西法東漸」學術研討會論文集》，中國政法大學出版社，2017 年版。

189. 李鼎楚：《歷史法學在近代中國傳播的「知識景象」——基於法政書刊的考察》，《政法論壇》2017 年第 6 期。

190. 李棟：《19 世紀前中西法律形象的相互認知及其分析》，《學術研究》2017 年第 8 期。

191. 李復達：《清末民初憲政理念淵源探析》，《湖南科技學院學報》2017 年第 1 期。

192. 李鵬飛、李藝：《德占時期的青島法制建設管窺》，《西部學刊》2017 年第 10 期。

193. 李曉婧：《近代法制背景下俠義復仇案件的傳統運行模式——以俠女施劍翹復仇案為例》，《安徽師範大學學報》2017 年第 3 期。

194. 李志增：《審判委員會制度的歷史沿革》，《周口師範學院學報》2017 年第 6 期。

195. 梁鳳榮：《新稅引入與中國稅收法律體系之近代化》，載里贊主編：《法律史評論》（第 9 卷），法律出版社，2017 年版。

196. 劉之楊：《中國近代遺失物制度演變之評析》，載陳小君主編：《私法研究》（第 21 卷），法律出版社，2017 年版。

197. 苗春剛：《清末民國人口買賣法律規制研究》，載朱勇主編：《中華法系》第九卷，中國政法大學 2017 年版。

198. 彭澎：《近代鄉村治理的法權結構變革與法制轉型研究》，《湖湘論壇》2017 年第 2 期。

199. 沈偉：《近代中國比較法教育辨正——基於東吳大學法學院的考察》，《華東政法大學學報》2017 年第 5 期。

200. 孫德鵬、吳央：《政治話語的轉譯與實踐：以梁啟超為例》，《西南政法大學學報》2017 年第 2 期。

201. 孫曉樓：《近代比較法學之重要》，《蘇州大學學報（法學版）》2017 年第 3 期。

202. 王靜：《傳教士所辦刊物與 19 世紀上半葉的西法東漸》，載趙國輝主編：《交涉中的「西法東漸」學術研討會論文集》，中國政法大學出版社，2017 年版。

203. 王立民：《中國近代成為大陸法系國家的原因及相關問題探析》，《華東師範大學學報》2017 年第 4 期。

204. 王禕茗：《近代中國的教育立法與女子教育》，《福建師範大學學報》2017 年第 1 期。

205. 殷思佳：《近代中國訴訟制度形成的日本法影響》，《湘潭大學學報》2017 年第 2 期。

206. 于語和、秦啟迪：《近代模範監獄建設經驗與啟示：以天津小西關監獄為個案》，《中國監獄學刊》2017 年第 1 期。

207. 余成峰：《近代中國民法典編纂中的「習慣法」》，《天府新論》2017 年第 5 期。

208. 張蓓蓓：《西學、司法檔案與近現代法律史寫作——以中國大陸地區為中心》，載趙國輝主編：《交涉中的「西法東漸」學術研討會論文集》，中國政法大學出版社，2017 年版。

209. 張洪陽、艾晶：《統計學視角下的近代女性教育與女性犯罪研究》，載霍存福主編：《法律文化論叢》（第 7 輯），知識產權出版社，2017 年版。

210. 張健一、高蘊嶙：《中國近代法制變革視野中的罪刑法定原則》，《天津法學》2017 年第 1 期。

211. 張蘭、崔林林：《中國教育法律體系近代化軌跡的歷史考察》，《北京聯合大學學報》2017 年第 2 期。

212. 張仁善：《近代審計法文化論綱》，載張生主編：《中國法律近代化論集》（第 4 卷），中國政法大學出版社，2017 年版。

213. 張生：《中國近代民法法典化的歷史檢討》，載張生主編：《中國法律近代化論集》（第 4 卷），中國政法大學出版社，2017 年版。

214. 張世慧：《中國近代破產制度的孕育與建立（1750～1935）》，《中國經濟史研究》2017 年第 3 期。

215. 張亞飛：《晚清民國親屬相姦罪存廢所體現的親屬法倫理變遷》，《社會科學家》2017 年第 3 期。

216. 趙劉洋：《中國法學理論研究的自主性構建：以近代中國法律傳統研究的知識取徑為中心》，《學術探索》2017 年第 5 期。

217. 趙忠龍：《近代商法形成中的宗教因素考察》，《甘肅社會科學》2017 年第 3 期。

218. 鍾勇華：《清季民初中國維護司法主權的「別樣」努力——以天津華洋訴訟中的觀審權之爭為中心》，載趙國輝主編：《交涉中的「西法東漸」學術研討會論文集》，中國政法大學出版社，2017 年版。

219. 蔡永明：《中國近代法律職業的生成及其影響》，《南開學報》2018 年第 1 期。

220. 高漢成：《中國近代「治外法權」概念的詞彙史考察》，《廈門大學學報》2018 年第 5 期。

221. 高旭晨：《近代司法運行及其展開》，《現代法學》2018 年第 6 期。

222. 龔洮晰：《淺議中國近代國際法學家與中國外交——以劉師舜為例》，《江西師範大學學報》2018 年第 6 期。

223. 侯欣一：《清末民國時期報紙與審判機關關係實態研究》，《政法論壇》2018 年第 1 期。

224. 冷霞：《近代英國法律知識的大眾傳播及其中國影響——以〈人人自為律師〉的譯介為例》，《華東政法大學學報》2018 年第 6 期。

225. 婁敏：《「有限」與「無限」之間：攤還規則的償債邏輯——以江津縣債務類司法檔案為中心》，《中國經濟史研究》2018 年第 2 期。

226. 羅冠男：《近現代意大利家庭法的發展階段與借鑒——從與中國比較的角度》，《政法論壇》2018 年第 6 期。

227. 孟廣潔：《以「法律」語義演變標記的中國法制近代化探究——以來華傳教士文獻、清末日譯法律工具書為依據》，《華東政法大學學報》2018 年第 4 期。

228. 王灝：《近代中國法學學術團體考證》，《法學研究》2018 年第 3 期。

229. 王銀宏：《近代早期中西社會中「想像的恐懼」及其制度性闡釋——基於〈叫魂〉和〈獵殺女巫〉的討論》，《政法論壇》2018 年第 5 期。

230. 王雲紅：《近代河洛地區施地碑與施地民事習慣問題》，《中州學刊》2018 年第 1 期。

231. 吳文浩：《中智法權糾紛（1924～1925）——兼論近代在華享有治外法權的國家數目》，《民國檔案》2018 年第 4 期。

232. 張仁善：《論中國司法近代化進程中的恥感情結》，《江蘇社會科學》2018 年第 4 期。

233. 朱海城：《從〈公司律〉到〈公司法〉：近代中國股票發行制度與實踐研

究》，《社會科學》2018 年第 7 期。

234. 朱明哲：《中國近代法制變革與歐洲中心主義法律觀——以寶道為切入點》，《比較法研究》2018 年第 1 期。

235. （日）谷口知子：《〈萬國公法〉中 right 的譯詞：「權利」與「權」》，沈國威、彭曦、王奕紅主編：《亞洲概念史研究》第 5 卷，商務印書館，2019 年版。

236. （日）吉田慶子：《漢語法律名詞近代化演變特徵的探析——以「衙門」「法院」為例》，沈國威、彭曦、王奕紅主編：《亞洲概念史研究》第 5 卷，商務印書館，2019 年版。

237. 蔡曉榮：《清末民初上海會審公廨中美商民的混合訴訟及交涉》，《歷史研究》2019 年第 1 期。

238. 慈海威：《論近代司法官選任對法官遴選的歷史鏡鑒》，載朱勇主編：《中華法系》（第十二卷），法律出版社，2019 年版。

239. 段曉彥：《物權債權區分論在近代中國的繼受——以民初大理院民事裁判為中心》，《環球法律評論》2019 年第 5 期。

240. 黃興濤：《強者的特權與弱者的話語：「治外法權」概念在近代中國的傳播與運用》，《近代史研究》2019 年第 6 期。

241. 李富鵬：《比較法視野下的近代憲法彙編》，《法學評論》2019 年第 6 期。

242. 李洋：《近代在華美國法律職業群體形象的多重建構》，《中外法學》2019 年第 1 期。

243. 李勇：《作為「過程」的歷史：清末民初憲政僑務的立法與實踐》，《華僑華人歷史研究》2019 年第 2 期。

244. 聶鑫：《近代中國社會立法與福利國家的建構》，《武漢大學學報》2019 年第 6 期。

245. 屈文生、萬立：《不平等條約內的不對等翻譯問題——〈煙臺條約〉譯事三題》，《探索與爭鳴》2019 年第 6 期。

246. 沈偉：《萌芽時期的中國近代法學教育——基於南洋公學特班的研究》，《交大法學》2019 年第 1 期。

247. 孫宏年：《國際法東漸及其對近代中國疆界的影響芻議》，《思想戰線》2019 年第 5 期。

248. 王立民：《近代中國法制現代化進程再認識》，《社會科學》2019 年第 6 期。

249. 王立民：《中國租界法制諸問題再研究》，《法學》2019 年第 11 期。

250. 吳錚強：《近代中國基層民事傳訊制度的演變——以龍泉司法檔案為例》，《文史》2019 年第 1 期。

251. 謝繼忠：《清代至民國時期黑河流域的水權交易及其特點——以新發現的高臺、金塔契約文書為中心》，《理論學刊》2019 年第 4 期。

252. 薛剛：《從自然法到官僚法：近代中國的法理結構轉型》，《南京大學學報》2019 年第 3 期。

253. 楊凌燕：《清末民初法政別科考》，《近代史研究》2019 年第 1 期。

254. 于飛：《論近代中國的準條約與國際私法》，《廈門大學學報》2019 年第 4 期。

255. 張勤：《近代司法研究的個案方法及其運用》，《國家檢察官學院學報》2019 年第 4 期。

256. 張世慧：《政務活動下的債案審斷：19 世紀中後期地方官府與倒賬案》，《中國經濟史研究》2019 年第 6 期。

257. 鄭顯文、王蕾：《中國近代遺產稅立法及司法實踐研究》，《比較法研究》2019 年第 1 期。

258. 朱卿：《近代中國刑事預審制度考論》，《江西社會科學》2019 年第 10 期。

259. 蔡曉榮、馬傳科：《中國固有法中的水相鄰關係及其近代衍變》，《廈門大學學報（哲學社會科學版）》2020 年第 6 期。

260. 杜正貞：《訴訟實踐中的意義之網與關係之網：社會關係網絡視角下的清末民初龍泉司法案例》，《民俗研究》2020 年第 2 期。

261. 胡震：《近代中國刑事上訴制度的生成及展開》，《法學研究》2020 年第 5 期。

262. 黃源盛：《晚清民國的社會變遷與法文化重構》，《法制與社會發展》2020 年第 3 期。

263. 李鳳鳴：《近代中國法律界對自由心證的認識》，《中國社會科學院研究生院學報》2020 年第 3 期。

264. 李健：《清末民初時期公司制度演化博弈分析及仿真研究》，《民國研究》

2019 年第 2 期。

265. 李啟成、梁挪亞：《著書敢謂匡時論——鄭觀應的〈盛世危言〉與近代轉型》,《北大法律評論》編輯委員會主編：《北大法律評論》（第 20 卷・第 2 輯）,北京大學出版社,2020 年版。

266. 李洋：《從「非正式帝國主義」到「法律帝國主義」：以近代中國的境遇為例》,《法學家》2020 年第 1 期。

267. 劉軍平：《清末民國華洋商標糾紛及其裁處》,《湖南科技大學學報（社會科學版）》2020 年第 4 期。

268. 劉昕杰：《實用型司法：近代中國基層民事審判傳統》,載陳景良、鄭祝君主編、李棟執行主編：《中西法律傳統》第 15 卷,中國政法大學出版社,2020 年版。

269. 馬建紅：《清末民初民事習慣調查的勃興與民間規範的式微》,徐顯明主編：《山大法學集萃：山東大學法學學科復辦 40 週年紀念文集》,法律出版社,2020 年版。

270. 歐陽湘：《近代中國女性執律師業的確立考論——兼論南京政府律師制度的「法統」傳承》,《中國國家博物館館刊》2020 年第 6 期。

271. 沈偉：《速亦能達：近代中國法學教育中的速成觀念》,《北京大學教育評論》2020 年第 2 期。

272. 孫慧娟：《近代中國女權立法的微觀考察——基於民國〈民律草案〉「妻冠夫姓」制度制定的視角》,齊延平主編：《人權研究》第 23 卷,社會科學文獻出版社,2020 年版。

273. 唐釗：《清至民國清水江流域林權糾紛解決機制變遷研究》,《湘潭大學學報（哲學社會科學版）》2020 年第 5 期。

274. 田夫：《法理學與法學通論的關係——以近代中國對日本學說的引進為中心》,《清華法學》2020 年第 5 期。

275. 田振洪：《近代中國高校法學期刊的先鋒——〈福建法政雜誌〉》,《中國出版史研究》2020 年第 2 期。

276. 王偉：《中國最早的法學博士文憑：合法、違法還是無法》,載陳景良、鄭祝君主編、李棟執行主編：《中西法律傳統》第 15 卷,中國政法大學出版社,2020 年版。

277. 吳留戈：《清末民初律法中新舊倫理的博弈過程》,董飛等主編：《中華

歷史與傳統文化論叢》第 5 輯，中國社會科學出版社，2020 年版。

278. 夏新華、丁廣宇：《從新民學會舊址到嶽麓書院教學齋——近代湖南省憲自治運動尋蹤》，載張生主編：《法史學刊》（第 15 卷），社科文獻出版社，2020 年版。

279. 肖高華：《「國權」與「民權」：近代我國行政違法案件「行政司法」與「民事司法」之爭》，《湖南師範大學社會科學學報》2020 年第 2 期。

280. 肖高華：《立法型、行政型抑或獨立型：近代我國審計監督法治轉型之多重取向》，《江漢論壇》2020 年第 8 期。

281. 熊元彬：《「惟適是求」：清末民初內閣法制院研究》，《河北法學》2020 年第 2 期。

282. 徐子越、程澤時：《刑罰私約化：晚清至民國時期清水江流域民間司法面向》，《原生態民族文化學刊》2020 年第 2 期。

283. 楊開愚：《近代以來中醫法律政策的變遷與反思——基於中醫藥法律制度完善的視角》，載朱勇主編：《中華法系》（第十三卷），法律出版社，2020 年版。

284. 姚曄：《憲法視閾下晚清民國家法族規變革理路及其特徵》，《學術界》2020 年第 1 期。

285. 翟晗：《國家想像之鏡：中國近代「女權」概念的另一面》，《政法論壇》2020 年第 4 期。

286. 張春海：《晚清至民國時期以憲法建構民族國家的考察》，《復旦學報（社會科學版）》2020 年第 3 期。

287. 張玲玉：《近代中國公司法：歷史價值與富強夢想》，《中共中央黨校（國家行政學院）學報》2020 年第 5 期。

288. 張曉宇：《近代領事裁判權體系下的華洋船舶碰撞案——1887 年萬年青號事件的法律交涉》，《史林》2020 年第 3 期。

二、近代各歷史時期法律史

（一）晚清

1. 艾晶：《清末女犯監禁情況考述》，《清史研究》2011 年第 4 期。

2. 蔡曉榮：《晚清商業行會對華洋商事糾紛的參預：一個商事習慣法的視角》，《福建論壇》2011 年第 3 期。

3. 曹伊清：《清末房地產法律制度運作之二元結構——以交易參與者為視角的分析》，《學習與探索》2011 年第 6 期。

4. 柴松霞：《清末五大臣對德國憲政的考察》，《政法論壇》2011 年第 1 期。

5. 常安：《邁向政治與歷史視野的憲政史研究》，《環球法律評論》2011 年第 5 期。

6. 陳欣新：《跨越政體的權力和平交接》，《環球法律評論》2011 年第 5 期。

7. 陳新宇：《〈欽定大清刑律〉新研究》，《法學研究》2011 年第 2 期。

8. 高全喜：《政治憲法學視野中的清帝〈遜位詔書〉》，《環球法律評論》2011 年第 5 期。

9. 韓濤：《晚清大理院審判官員調配及履歷考論》，《歷史檔案》2011 年第 3 期。

10. 韓濤：《晚清最高司法審判權的形塑——以晚清大理院審判權限的釐定為中心》，《華東政法大學學報》2011 年第 5 期。

11. 胡祥雨：《變與不變：太平天國運動與京師司法審判》，《中山大學學報》2011 年第 2 期。

12. 李啟成：《君主立憲的一曲輓歌：晚清資政院第一次常年會百年祭》，《中外法學》2011 年第 5 期。

13. 李細珠：《日韓合併與清末憲政改革》，《近代史研究》2011 年第 4 期。

14. 李欣榮：《清末死刑方式的轉變與爭論》，《中山大學學報》2011 年第 2 期。

15. 劉毅：《清末法學翻譯概述——西法東漸的開端》，《河北法學》2011 年第 9 期。

16. 劉志峰：《清末新政中行政審判制度的解讀》，《南京社會科學》2011 年第 5 期。

17. 眭鴻明：《清末民初民俗習慣的社會角色及法律地位》，《法律科學》（西北政法大學學報）2011 年第 4 期。

18. 王勇：《清末立憲運動的觀念史演變背景及其內在邏輯》，《法學評論》2011 年第 1 期。

19. 魏建國：《新敘事模式下的清帝〈遜位詔書研究及其啟示》，《環球法律評論》2011 年第 5 期。

20. 徐躍：《清末地方學務訴訟及其解決方式——以清末四川地方捐施訴訟

為個案的探討》,《近代史研究》2011 年第 5 期。

21. 許世英:《論清末商法的實施及其效果》,《政法論叢》2011 年第 2 期。

22. 楊昂:《清帝〈遜位詔書〉在中華民族統一上的法律意義》,《環球法律評論》2011 年第 5 期。

23. 翟志勇:《透過〈臨時大總統宣言書〉看清帝〈遜位詔書〉》,《環球法律評論》2011 年第 5 期。

24. 張洪陽、艾晶:《清末民初女性犯罪統計的國際比較研究》,《華中科技大學學報》2011 年第 2 期。

25. 張松:《清末民初商會與政府的法律博弈》,《求索》2011 年第 8 期。

26. 章永樂:《「大妥協」:清王朝與中華民國的主權連續性》,《環球法律評論》2011 年第 5 期。

27. 趙曉耕、陸侃怡:《獻清末訴訟法改革對於律師制度的借鑒——以 1906 年〈大清刑事民事訴訟法草案〉為視角》,《北方法學》2011 年第 1 期。

28. 支振鋒:《為什麼重提清帝〈遜位詔書〉?》,《環球法律評論》2011 年第 5 期。

29. 鍾勇華:《清末審判廳理案模式下的華洋訴訟及觀審之爭》,《蘭州學刊》2011 年第 1 期。

30. 陳異慧:《論沈家本的良善刑法觀》,《山東社會科學》2012 年第 11 期。

31. 公丕祥:《司法人道主義的歷史進步——晚清司法改革的價值變向》,《法制與社會發展》2012 年第 4 期。

32. 郭金鵬:《進步與侷限:晚清工商立法與民族商人的權利救濟》,《山東大學學報》2012 年第 5 期。

33. 韓濤:《晚清法制變局中的覆判制度——以大理院覆判活動為中心的考察》,《江蘇社會科學》2012 年第 4 期。

34. 韓濤:《晚清中央審判中實體法的適用——以大理院司法文書為中心的考察》,《歷史檔案》2012 年第 3 期。

35. 衡愛民:《張之洞「變法不變道」的變法觀新探》,《法學評論》2012 年第 1 期。

36. 霍存福:《沈家本眼中的「情‧法」結構與「情‧法」關係——以〈婦女離異律例偶箋〉為對象的分析》,《吉林大學社會科學學報》2012 年第 1 期。

37. 姜小川：《清末司法改革對中國法制現代化的影響與啟示》，《法學雜誌》2012 年第 7 期。

38. 凌斌：《政治私約主義的正當性困境：政治憲法學批判——以〈清帝遜位詔書〉的法學解讀為中心》，《清華法學》2012 年第 6 期。

39. 劉彥波：《晚清兩湖地區州縣「就地正法」述論》，《暨南學報》2012 年第 3 期。

40. 馬珺：《清末民初社會轉型期習慣法的積極社會效果》，《史學月刊》2012 年第 12 期。

41. 屈文生：《和制漢語法律新名詞在近代中國的翻譯與傳播——以清末民初若干法律辭書收錄的詞條為例》，《學術研究》2012 年第 11 期。

42. 史新恒：《清末司法官制改革中的臬司甄別》，《歷史檔案》2012 年第 3 期。

43. 魏黎明：《清末憲政視野下的刑法變革——以平等為考察尺度》，《社會科學家》2012 年第 8 期。

44. 向達：《清末禮法之爭述評》，《深圳大學學報》2012 年第 5 期。

45. 尹泠然：《沈家本與中國刑事法律的變革》，《中國刑事法雜誌》2012 年第 8 期。

46. 張生：《〈大清民律草案〉的編纂：資料的缺失與存疑的問題》，載徐世虹主編：《中國古代法律文獻研究》（第五輯），社科文獻出版社，2012 年版。

47. 張世明：《清末就地正法制度研究（上）》，《政法論叢》2012 年第 1 期。

48. 張世明：《清末就地正法制度研究（下）》，《政法論叢》2012 年第 2 期。

49. 董笑寒、孫燕京：《秋審個案與清末司法審判》，《南京社會科學》2013 年第 2 期。

50. 段曉彥：《〈大清現行刑律〉與民初民事法源——大理院對「現行律民事有效部分」的適用》，《法學研究》2013 年第 5 期。

51. 郭曰君、呂鐵貞：《晚清涉外經濟法律制度透視》，《中州學刊》2013 年第 3 期。

52. 姜曉敏：《晚清的死刑廢除問題及其歷史借鑒》，《法學雜誌》2013 年第 12 期。

53. 李啟成：《清末比附援引與罪刑法定存廢之爭——以〈刑律草案簽注〉為

中心》,《中國社會科學》2013 年第 11 期。

54. 李啟成:《儒學信仰、法政新知與議員風骨——從晚清資政院議員之操守談起》,《比較法研究》2013 年第 1 期。

55. 李欣榮:《清末「國事犯」觀念的引進、論辯與實踐》,《近代史研究》2013 年第 6 期。

56. 凌斌:《從〈清帝遜位詔書〉解讀看國家建立的規範基礎》,《法學家》2013 年第 4 期。

57. 史洪智:《清末修訂法律大臣的政治困境》,《史學月刊》2013 年第 1 期。

58. 史洪智:《日本法學博士與清末新政——以交往、輿論與制度轉型為視角》,《河南大學學報》2013 年第 1 期。

59. 楊明:《制度與文本:〈大清著作權律〉的歷史審視》,《華中科技大學學報》2013 年第 5 期。

60. 張健:《晚清民國刑事和解的第三領域——基於龍泉司法檔案刑事案件官批民調制度的考察》,《中國刑事法雜誌》2013 年第 4 期。

61. 張世明:《再論清末變法修律改革肇端於廢除領事裁判權》,《中國人民大學學報》2013 年第 3 期。

62. 周成泓:《從訟師到律師:清末律師制度的嬗變》,《求索》2013 年第 6 期。

63. 蔡永明:《論清末法律教育的改革》,《陝西師範大學學報》2014 年第 4 期。

64. 陳凱:《晚清著作權立法:權利保護與工具主義的博弈》,《知識產權》2014 年第 5 期。

65. 董和平:《關於〈欽定憲法大綱〉評價的另類視角》,《求索》2014 年第 4 期。

66. 李貴連、劉鄂:《清末法政學堂自修科考》,《清史研究》2014 年第 2 期。

67. 李在全:《親歷清末官制改革:一位刑官的觀察與因應》,《近代史研究》2014 年第 2 期。

68. 劉國媛、蔡傑:《從清末檢察制度的創立談法制變革的阻力》,《武漢大學學報》2014 年第 6 期。

69. 呂鐵貞:《晚清海關外籍總稅務司的法律地位》,《中州學刊》2014 年第 5 期。

70. 呂鐵貞：《晚清鐵路外債之惡例與流弊：中比盧漢鐵路借款合同的考察》，《法學》2014 年第 3 期。

71. 錢鋒：《清末立憲運動：近代中國法制現代化的開端》，《復旦學報》2014 年第 3 期。

72. 王菲：《清末訟師群體消亡原因分析》，《國家檢察官學院學報》2014 年第 5 期。

73. 王天根：《面子與法理：中英開平礦權糾紛及赴英訴訟》，《史學月刊》2014 年第 12 期。

74. 王中江：《世界秩序中國際法的道德性與權力身影——「萬國公法」在晚清中國的正當化及其依據》，《天津社會科學》2014 年第 3 期。

75. 吳傑：《傳統「天下」與現代「民族國家」的對接——對《清帝遜位詔書》憲法意義的反思》，《甘肅政法學院學報》2014 年第 1 期。

76. 謝晶：《中國傳統工商業的所有權與經營權：以晚清四川巴縣合夥為例》，載《清華法律評論委員會編》：《清華法律評論》第 7 卷第 1 輯，清華大學出版社，2014 年版。

77. 徐忠明：《晚清河南王樹汶案的黑幕與平反》，《法制與社會發展》2014 年第 2 期。

78. 楊林坤：《張維〈遊燕日記〉與清末舉貢和法官考試》，《西北師大學報》2014 年第 5 期。

79. 楊小敏：《晚清司法權概念考——以憲法學為視角》，《政法論壇》2014 年第 5 期。

80. 孫家紅：《帝制中國晚期的廢除刑訊運動（1870～1905）——以〈申報〉為起點》，《甘肅政法學院學報》2015 年第 3 期。

81. 曾亦：《經義決事與法律的儒家化問題——以龔自珍〈春秋決事比答問〉為例》，《天府新論》2015 年第 6 期。

82. 何邦武：《清季現代自由心證知識體系形成考釋》，《法學評論》2015 年第 3 期。

83. 李欣榮：《汪康年與晚清修律中的法權迷思》，《廣東社會科學》2015 年第 3 期。

84. 李擁軍：《法律與倫理的「分」與「合」——關於清末「禮法之爭」背後的思考》，《學習與探索》2015 年第 9 期。

85. 李育民：《中外條約關係與晚清法律的變化》，《歷史研究》2015 年第 2 期。

86. 劉偉：《晚清州縣「就地正法」司法程序之再考察》，《社會科學》2015 年第 2 期。

87. 邱志紅：《清末法制習慣調查再探討》，《廣東社會科學》2015 年第 5 期。

88. 冉琰傑：《清末編修民律之爭議》，《四川師範大學學報》2015 年第 3 期。

89. 史洪智：《議案博弈：資政院常年會與〈改訂大清商律草案〉》，《河南大學學報》2015 年第 1 期。

90. 宋麗珏：《晚清國際法話語評價研究》，《學術交流》2015 年第 8 期。

91. 文揚：《因襲與開新：沈家本「會通改制」論再評》，《河北法學》2015 年第 9 期。

92. 肖建華、廖浩：《清末民事訴訟法的演進》，《北方法學》2015 年第 6 期。

93. 閆曉君：《吉同鈞年譜》，載霍存福主編：《法律文化論叢（第 4 輯）》，知識產權出版社，2015 年版。

94. 楊天宏：《「清室優待條件」的法律性質與違約責任——基於北京政變後攝政內閣逼宮改約的分析》，《近代史研究》2015 年第 1 期。

95. 張曉宇：《庚子事變後「懲凶」問題的國際法分析》，《暨南學報》2015 年第 4 期。

96. 艾晶：《清末女犯的收禁問題及其改良研究》，載霍存福主編：《法律文化論叢》第 6 輯，知識產權出版社，2016 年版。

97. 蔡東麗：《陳濟棠主粵時期廣東的地方自治》，載陳景良、鄭祝君主編：《中西法律傳統（第 12 卷）》，中國政法大學出版社，2016 年版。

98. 陳新宇：《禮法論爭中的岡田朝太郎與赫善心——全球史視野下的晚清修律》，《華東政法大學學報》2016 年第 4 期。

99. 陳煜：《晚清公羊學與變法維新》，載李在全執行主編：《近代中國的法律與政治》，社會科學文獻出版社，2016 年版。

100. 程夢婧：《〈大憲章〉在晚清中國的傳播》，《清華法學》2016 年第 2 期。

101. 程夢婧：《晚清兩個〈人權宣言〉漢譯本的考察》，《法學論壇》2016 年第 1 期。

102. 范廣欣：《從三代之禮到萬國公法：試析郭嵩燾接受國際法的心路歷程》，《天府新論》2016 年第 4 期。

103. 高漢成：《治外法權、領事裁判權及其他——以〈外國在華領事裁判權史稿〉為中心的展開》，載吳玉章、高旭晨主編：《中國法律史研究》（2016年卷），社會科學文獻出版社，2016年版。

104. 高全喜：《試論〈江楚會奏變法三折〉的憲制意義》，《法學評論》2016年第4期。

105. 公丕祥：《國家與區域：晚清司法改革的路線圖》，《法制與社會發展》2016年第4期。

106. 韓濤：《乾坤挪移玄機深：晚清官制改革中的「改寺為院」》，《中外法學》2016年第1期。

107. 何志輝：《「使由使知」中的規則遵守觀念——兼評嚴復對「民可使由之，不可使知之」的闡釋》，載陳景良、鄭祝君主編：《中西法律傳統（第12卷）》，中國政法大學出版社，2016年版。

108. 洪佳期：《清末訴訟法改革爭議之探討——以〈訴訟法駁議部居〉為考察中心》，《杭州師範大學學報》2016年第1期。

109. 侯德仁、張濤：《晚清域外研究與記述文獻中的近代司法觀念》，《蘇州大學學報》2016年第1期。

110. 黃源盛：《法律繼受與法律語言的轉換——以晚清〈大清新刑律〉的立法為例》，《政大法學評論》（臺）2016年第145期。

111. 賴俊楠：《晚清時期梁啟超憲法思想中的「人民程度」問題》，載高鴻鈞主編：《中國比較法學·比較法治文化：2015年卷》，中國政法大學出版社，2016年版。

112. 李華武：《商會與審判機構：清末民初商事糾紛調解關係考》，《江西社會科學》2016年第1期。

113. 李欣榮：《1907年修律權紛爭與立法新制的建立》，《社會科學研究》2016年第6期。

114. 李欣榮：《清季伍廷芳提出訴訟新法的理想與衝突》，《學術研究》2016年第9期。

115. 李欣榮：《汪康年與晚清修律中的法權迷思》，載李在全執行主編：《近代中國的法律與政治》，社會科學文獻出版社，2016年版。

116. 李耀躍：《清末鐵路交涉中的法律技術與政治策略》，《齊魯學刊》2016年第2期。

117. 李耀躍:《晚清商辦鐵路抵制外資的法制建構及其實效》,《中國社會科學院研究生院學報》2016 年第 2 期。

118. 李在全:《「新人」如何練就:清末一位留日法科學生的閱讀結構與日常生活》,《史林》2016 年第 6 期。

119. 李在全:《制度變革與身份轉型——清末新式司法官群體的組合、結構及問題》,載李在全執行主編:《近代中國的法律與政治》,社會科學文獻出版社,2016 年版。

120. 林劍:《風憲與立憲:清季都察院裁改的衝突》,《學術研究》2016 年第 11 期。

121. 盧野:《清末憲政編查館的立憲困境與反思》,《四川師範大學學報》2016 年第 3 期。

122. 聶鑫:《從三法司到司法院——中國中央司法傳統的斷裂與延續》,載中華司法研究會編:《中華司法的歷史、現狀與未來:首屆中華司法研究高峰論壇文集》,人民法院出版社,2016 年版。

123. 聶鑫:《法意與人情——沈家本對中國古代法學的最後發展》,張生主編:《中國法律近代化論集(第三卷)》,中國政法大學出版社,2016 年版。

124. 齊靜:《從英國檔案看國際法的運用和鴉片戰爭的非法性》,《華東政法大學學報》2016 年第 6 期。

125. 屈文生:《〈望廈條約〉訂立前後中美關於徐亞滿案照會交涉研究》,《法學》2016 年第 8 期。

126. 唐靖:《清末資政院湖南公債案探析》,《湖南社會科學》2016 年第 3 期。

127. 田濤:《天下主義與民族國家——晚清國際法詮釋的兩個思想路徑》,《天津師範大學學報》2016 年第 6 期。

128. 王華:《〈菲利普律令〉在澳門早期的適用》,載陳景良、鄭祝君主編:《中西法律傳統(第 12 卷)》,中國政法大學出版社,2016 年版。

129. 王立民:《甲午戰爭後中國區域法制的變化》,《中外法學》2016 年第 1 期。

130. 王星:《葡萄牙商法在澳門的延伸適用及其影響》,載陳景良、鄭祝君主編:《中西法律傳統(第 12 卷)》,中國政法大學出版社,2016 年版。

131. 王元天:《重新審視沈家本的領銜修律與司法改革》,《法學論壇》2016 年第 3 期。

132. 肖宗志：《清季預備立憲時期吏部的裁撤及其主要原因》，《西南大學學報》2016 年第 4 期。

133. 許俊琳：《中法〈北京條約〉第六款「懸案」再研究》，《東嶽論叢》2016 年第 1 期。

134. 張銳智：《黃遵憲〈日本國志〉對中國近代法制改革之影響》，張生主編：《中國法律近代化論集（第三卷）》，中國政法大學出版社，2016 年版。

135. 張生：《〈大清民律草案〉的編纂：資料的缺失、存疑的問題與推斷》，載吳玉章、高旭晨主編：《中國法律史研究》（2016 年卷），社會科學文獻出版社，2016 年版。

136. 張田田：《末世刑章細羽毛：吉同鈞「朝審失出」事考——從陝派律學家事蹟看晚清司法（一）》，載霍存福主編：《法律文化論叢》第 5 輯，知識產權出版社，2016 年版。

137. 張衛明：《甲午戰後拒割臺灣的國際法運用》，《歷史檔案》2016 年第 3 期。

138. 張喻忻：《「佔有」的變遷史考——從〈大清民律草案〉到〈物權法〉》，《海南大學學報》2016 年第 1 期。

139. 趙曉華：《晚清災荒中的婦女拐賣及法律懲處》，《蘭州學刊》2016 年第 9 期。

140. （美）戴史翠：《超越法律陰影：晚清重慶的商戶債務糾紛、國家建構和新政破產改革》，黃藝卉譯，載周東平、朱騰主編：《法律史譯評（第五卷）》，中西書局，2017 年版。

141. （美）賈空：《謊言的邏輯：晚清四川地區的誣告現象及其法律文化》，陳煜譯，載周東平、朱騰主編：《法律史譯評（第四卷）》，中西書局，2017 年版。

142. （日）加藤雄三：《升科，Shengko，Shengkoing——上海法租界黃浦江沿岸填拓地的取得問題》，海丹譯，載周東平、朱騰主編：《法律史譯評（第四卷）》，中西書局，2017 年版。

143. （日）小野達哉：《清末巴縣農村地區的賦稅包攬與訴訟之關係——以「抬墊」為例進行探討》，凌鵬譯，載周東平、朱騰主編：《法律史譯評（第五卷）》，中西書局，2017 年版。

144. 曾金蓮：《華政衙門理事官嗎記‧吡唎喇與葡萄牙法律植入澳門之爭

（1865～1869）》，載饒傳平主編：《近代法律史研究（第2輯）：近代法律人的世界》，社會科學文獻出版社，2017年版。

145. 曾哲、周澤中：《從漢冶萍公司命途跌宕看晚清法治環境缺失》，《荊楚學刊》2017年第1期。

146. 陳思：《清末民初時期傳統家產制度的法律表達》，載張生主編：《中國法律近代化論集》（第4卷），中國政法大學出版社，2017年版。

147. 陳同：《上海公共租界會審章程的制定及其實際作用——基於英國國家檔案館檔案的研究》，《史林》2017年第6期。

148. 陳新宇：《〈大清新刑律〉編纂過程中的立法權之爭》，《法學研究》2017年第2期。

149. 池建華：《晚清實業立法述評》，載陳景良、鄭祝君主編：《中西法律傳統（第13卷）》，中國政法大學出版社，2017年版。

150. 崔學森：《再論清末〈大清憲法案〉稿本問題》，《歷史檔案》2017年第2期。

151. 馮子宸：《清末法律教育芻議》，《史學月集刊》2017年第3期。

152. 高全喜：《論現代國際法視野下的〈馬關條約〉》，《清華大學學報》2017年第4期。

153. 公丕祥：《司法與行政的有限分立——晚清司法改革的內在理路》，載何柏生主編：《中國傳統法律文化與法律價值》，法律出版社，2017年版。

154. 公丕祥：《司法主與領事裁判——晚清司法改革動因分析》，載何柏生主編：《中國傳統法律文化與法律價值》，法律出版社，2017年版。

155. 宮寶芝：《清末商會商事公斷的有效運行及其啟示》，《求索》2017年第7期。

156. 顧遷：《律例與服例——兼及章太炎的「五朝」情結》，載沈歸、彭林、丁鼎主編：《傳統禮治與當代軟法》，北京大學出版社，2017年版。

157. 顧榮新：《清末〈海船法草案〉述評》，《中國海商法研究》2017年第1期。

158. 郭威：《清末立憲修律及中國傳統法律體系的解體的再認識——以「苗民弗用靈」事件為引子》，載朱勇主編：《中華法系》（第十卷），法律出版社，2017年版。

159. 韓策：《師乎？生乎？：留學生教習在京師大學堂進士館的境遇》，載趙

國輝主編：《交涉中的「西法東漸」學術研討會論文集》，中國政法大學出版社，2017 年版。

160. 韓永福：《清末將領葉志超病死刑部監獄考》，《歷史檔案》2017 年第 2 期。

161. 侯慶斌：《晚清中外會審制度中華洋法官的法律素養與審判風格——以上海法租界會審公廨為例》，《學術月刊》2017 年第 1 期。

162. 黃源盛：《晚清民國禁革人口買賣再探》，《法治現代化研究》2017 年第 2 期。

163. 霍新賓：《行會理念與官府裁決——清末廣州行會的勞資糾紛及其調解》，《廣東社會科學》2017 年第 5 期。

164. 金欣：《憲法整合視野下的晚清立憲運動：兼論憲法整合功能發揮的基本條件》，《江漢學術》2017 年第 4 期。

165. 康向宇：《「國體——政體論」與清末立憲》，載強世功主編：政治與法律評論（第八輯），法律出版社，2017 年版。

166. 賴駿楠：《「文明論」視野下的晚清中國及其對外關係——以〈中國評論〉（1872～1901）為考察對象》，《華東政法大學學報》2017 年第 4 期。

167. 李欣榮：《清季許同莘的學法、修律與法學理路》，《中山大學學報》2017 年第 3 期。

168. 李秀清：《〈印中搜聞〉與 19 世紀早期西方人的中國法律觀》，《法學研究》2017 年第 4 期。

169. 李秀清：《〈中國評論〉與十九世紀末西方人眼中的中國司法》，《中外法學》2017 年第 1 期。

170. 李秀清：《〈中國評論〉中的中國法律及其研究價值》，《比較法研究》2017 年第 2 期。

171. 李育民：《晚清中外條約關係的畸形法律性質論析》，《湖南師範大學社會科學學報》2017 年第 1 期。

172. 李在全：《「新人」如何練就：清末一位留日法科學生的閱讀結構與日常生活》，載趙國輝主編：《交涉中的「西法東漸」學術研討會論文集》，中國政法大學出版社，2017 年版。

173. 李在全：《清末修律制法述略》，《蘭州學刊》2017 年第 4 期。

174. 劉舒楊、王浦劬：《清末預備立憲民主改革失敗的策略互動分析》，《華中

師範大學學報》2017 年第 6 期。

175. 劉盈咬：《傳統與維新——清末修律之中國傳統家制的變革》，載張生主編：《中國法律近代化論集》（第 4 卷），中國政法大學出版社，2017 年版。

176. 呂克軍：《清末浙江諮議局的創設與運行》，《浙江學刊》2017 年第 3 期。

177. 馬麗莎：《淺談我國初任檢察官選拔任用制度的完善：以清末初任檢察官選任制度為視角》，《黑龍江省政法管理幹部學院學報》2017 年第 6 期。

178. 孟穎佼：《需索訟費：清末民事訴訟中的吏役：以〈陶瓷公牘〉中相關案件為例》，《南陽師範學院學報》2017 年第 1 期。

179. 彭劍：《1904 年張謇推動清廷立憲的努力》，《廣東社會科學》2017 年第 5 期。

180. 阮興、張科：《論清末預備立憲時期甘肅法政教育及其效應》，《青海民族研究》2017 年第 4 期。

181. 沈成寶：《晚清罷除刑名幕友「始作俑者」考辨》，載趙國輝主編：《交涉中的「西法東漸」學術研討會論文集》，中國政法大學出版社，2017 年版。

182. 孫銳：《袁世凱與天津地方審判廳檢事局》，《中國檢察官》2017 年第 3 期。

183. 譚新喜：《晚清海關洋員司法保護初探》，《陝西理工學院學報》2017 年第 1 期。

184. 陶雲飛：《淺議清末社會變遷與禮法之爭》，《牡丹江大學學報》2017 年第 3 期。

185. 田力：《從封建到代表——清末預備立憲中的建國問題》，載強世功主編：政治與法律評論（第八輯），法律出版社，2017 年版。

186. 王春子：《編訂〈大清刑事民事訴訟法〉草案的困境》，載張生主編：《中國法律近代化論集》（第 4 卷），中國政法大學出版社，2017 年版。

187. 王立民：《試論中國租界與租借地區域法制的差異——以上海租界與威海衛租借地區域法制的差異為例》，《現代法學》2017 年第 1 期。

188. 王雁：《晚清六部司官公務生活的時與空——以刑部司官唐烜為中心》，《清史研究》2017 年第 3 期。

189. 吳洪成、宋立會：《論清末學前教育立法——以〈奏定蒙養院章程及家庭教育法章程〉為中心》，《河北法學》2017 年第 12 期。

190. 閆曉君：《一樁命案引起的婦女離異爭議》，《法律適用》2017 年第 8 期。

191. 顏麗媛：《20 世紀「不平等條約」的中國敘事：尋求國際法主體地位》，載強世功主編：政治與法律評論（第八輯），法律出版社，2017 年版。

192. 袁博：《〈大清著作權律〉中的「合理使用」》，《人民法院報》2017 年 11 月 17 日

193. 章永樂：《維也納體系與君憲信念的持久性：以康有為為例》，《清華法學》2017 年第 3 期。

194. 趙國輝：《晚清中西侵權糾紛與交涉》，載趙國輝主編：《交涉中的「西法東漸」學術研討會論文集》，中國政法大學出版社，2017 年版。

195. 趙虎：《立憲先聲：〈會議政務章程〉的出臺與反響》，《廣東社會科學》2017 年第 1 期。

196. 趙惠霞、周棉：《歸國留學生對清末預備立憲的參與和影響》，《天津師範大學學報》2017 年第 3 期。

197. 周威：《鄭觀應首次合用憲法語詞考》，《上海政法學院學報（法治論叢）》2017 年第 3 期。

198. 周曉霞：《清末「司法獨立白皮書」：〈法院編制法〉》，《中國檢察官》2017 年第 6 期。

199. 鄒小站：《清末修律中的國家主義與家族主義之爭》，《中國文化研究》2017 年第 2 期。

200. （日）夫馬進著，楊文信譯：《清末〈申報〉所見律師觀的發展及訟師觀的變遷——由訟師到律師（一）》，載周東平、朱騰主編：《法律史譯評》（第六卷），中西書局，2018 年版。

201. 畢凌雪：《清末自由心證制度的移植及其影響——基於「五聽」法文化的視角》，《河南社會科學》2018 年第 4 期。

202. 蔡永明：《論清末的地方審判機構改革——以天津審判廳為中心的考察》，《河南大學學報》2018 年第 3 期。

203. 曹雯：《晚清租界的早期發展與領事裁判權問題由來》，《清史研究》2018 年第 3 期。

204. 曾令健：《晚清州縣司法中的「官批民調」》,《當代法學》2018 年第 3 期。

205. 崔學森：《清末立憲的日本視角：以法學家清水澄為中心》,《政法論壇》2018 年第 4 期。

206. 段曉彥：《名稱、內容和性質——「現行律民事有效部分」的三點辨正》,《法制與社會發展》2018 年第 1 期。

207. 侯慶斌：《晚清上海法租界城市治理中的法律移植與司法實踐——以違警罪為例》,《復旦學報》2018 年第 3 期。

208. 胡祥雨：《清末新政與京師司法官員的滿漢比例（1901～1912）——基於〈縉紳錄〉數據庫的分析》,《清史研究》2018 年第 4 期。

209. 惠科：《晚清重慶華洋訴訟與地方司法初探——以巴縣檔案為中心的考察》,《西南大學學報》2018 年第 3 期。

210. 霍存福：《沈家本「情理法」觀所代表的近代轉捩——與薛允升、樊增祥的比較》,《華東政法大學學報》2018 年第 6 期。

211. 賴駿楠：《清末〈新民叢報〉與〈民報〉論戰中的「國民」議題》,《法學研究》2018 年第 4 期。

212. 賴駿楠：《清末立憲派的近代國家想像：以日俄戰爭時期的〈東方雜誌〉為研究對象（1904～1905）》,《中外法學》2018 年第 4 期。

213. 李章鵬：《〈大清國籍條例〉及其施行細則制定過程新探》,《華僑華人歷史研究》2018 年第 4 期。

214. 李振武：《預備立憲時期督撫對立憲的認識及態度》,《廣東社會科學》2018 年第 3 期。

215. 劉志勇：《清末都察院改革：方案設計、改革結果及其影響》,《國家行政學院學報》2018 年第 1 期。

216. 娜鶴雅：《晚清中央與地方關係下的就地正法之制》,《清史研究》2018 年第 1 期。

217. 彭鳳蓮：《清末禮法之爭的焦點再探》,《江海學刊》2018 年第 4 期。

218. 孫以東：《趙爾巽與晚清罪犯流配制度的改革》,《歷史檔案》2018 年第 2 期。

219. 滕德永：《遜清皇室與〈優待條件〉的入憲》,《北京社會科學》2018 年第 4 期。

220. 張晉藩：《晚清制定民法典的始末及史鑒意義》，《法律科學》2018 年第 4 期。

221. 趙維璽：《左宗棠與吉爾洪額、金順互控案考》，《西域研究》2018 年第 1 期。

222. 趙旭：《論構建新型國際秩序法律話語權——以清末國際法輸入的法律話語分析為視角》，《山東社會科學》2018 年第 11 期。

223. 柴松霞：《沈家本在清末預備立憲中的作用與影響——以官制改革為中心的考察》，載里贊主編：《法律史評論》（2019 年第 2 卷），社會科學文獻出版社，2019 年版。

224. 陳新宇：《轉型司法的困局——以清季陝西趙憘憘故殺胞弟二命案為例》，《法律適用》2019 年第 2 期。

225. 哈恩忠：《清末編訂〈違警律〉檔案》，《歷史檔案》2019 年第 4 期。

226. 侯慶斌：《晚清上海會審公廨讞員群體與租界華洋權勢變遷——以陳福勳、葛繩孝和金紹城為例》，《歷史教學問題》2019 年第 1 期。

227. 焦潤明：《清末中國大規模防疫法規建設之濫觴》，《晉陽學刊》2019 年第 1 期。

228. 賴駿楠：《清末四川財政的「集權」與「分權」之爭：以經徵局設立及其爭議為切入點》，《學術月刊》2019 年第 8 期。

229. 雷勇：《清末修律的旁觀者：赫善心與〈中國新刑律論〉》，《政法論壇》2019 年第 4 期。

230. 李棟、王世柱：《中國傳統倫理法向現代法的範式轉換——以晚清「無夫姦」罪存廢之爭為背景》，《法學》2019 年第 5 期。

231. 李棟、楊瑩：《洋務運動時期王韜對待西方法政知識的認知與邏輯》，《廣東社會科學》2019 年第 2 期。

232. 李鳳鳳：《三權協調與三權制衡：政府與民間視野下的立憲之路——以清末責任內閣為中心的探討》，《近代史學刊》2019 年第 2 期。

233. 李富鵬：《改造「律例」——晚清法律翻譯的語言、觀念與知識範式的近代轉化》，《政法論壇》2019 年第 6 期。

234. 李啟成、梁挪亞：《著書敢謂匡時論——鄭觀應的〈盛世危言〉與近代轉型》，《北大法律評論》2019 年第 2 期。

235. 林秋雲：《晚清「淫伶」案中的華洋交涉與集團競爭——以李春來案為中

心》，《學術月刊》2019 年第 4 期。

236. 劉會軍、杜易：《清末引入檢察制度評析與啟示》，《社會科學戰線》2019 年第 10 期。

237. 劉盈辛：《清末刺馬案：清代刑事司法實踐的合理性指向》，《法律適用》2019 年第 20 期。

238. 劉志勇：《18 世紀清廷懲貪制度及實踐存在的問題分析》，《哈爾濱工業大學學報》2019 年第 6 期。

239. 盧樹鑫：《晚清巡道監察職能的運用與地方治理的強化——基於貴東道的分析》，《福建論壇》2019 年第 12 期。

240. 馬子政：《論「同光中興」中的治外法權》，《人大法律評論》2019 年第 2 期。

241. 彭劍：《也談張之洞對立憲的態度》，《華中師範大學學報》2019 年第 4 期。

242. 汪強：《形象塑造與知識生產：晚清域外日記中的英國議會（1866～1885）》，《華東政法大學學報》2019 年第 3 期。

243. 王世柱：《從「無夫姦」罪存廢理由管窺清末刑律改革的認同困境》，《華中科技大學學報》2019 年第 3 期。

244. 許俊琳：《當傳教士成為被告：清末烏石山教案的法律史分析》，《福建師範大學學報》2019 年第 2 期。

245. 陽金平：《光緒初年「東鄉案」審理中的南北黨爭與地方督撫》，《史學月刊》2019 年第 5 期。

246. 楊芹：《清末吏部聽人賄買案及其影響》，《法律適用》2019 年第 2 期。

247. 于明：《晚清西方視角中的中國家庭法——以哲美森譯〈刑案匯覽〉為中心》，《法學研究》2019 年第 3 期。

248. 張洪陽、艾晶：《清末女性犯罪的統計分析——基於法部第二次司法統計的考察》，載里贊主編：《法律史評論》（2019 年第 2 卷），社會科學文獻出版社，2019 年版。

249. 周向陽：《晚清西北內陸地區流動人口的法律生活——以〈樊山判牘〉為中心的考察》，《探索與爭鳴》2019 年第 3 期。

250. 承紅磊：《洪憲帝制憲法問題考論》，李在全、馬建標主編：《中華民國史青年論壇（第 2 輯）》，社科文獻出版社，2020 年版。

251. 馮玉東：《張之洞與清末修律》，《中州學刊》2020 年第 7 期。

252. 侯慶斌：《晚清上海陋俗治理中的司法困境與中西矛盾——以法租界內的臺基案為例》，《安徽史學》2020 年第 2 期。

253. 胡祥雨：《清末新政與京師司法官員的滿漢比例（1901～1912）》，載鄧慶平主編：《多元視域下的近世法律與中國社會》，中國政法大學出版社，2020 年版。

254. 胡譯之：《晚清來華傳教士中國法律觀的「變」與「常」——以理雅各布〈聖諭廣訓〉譯介為中心》，《華東政法大學學報》2020 年第 2 期。

255. 胡玉鴻：《法理的功能及與其他評價標準的異同——清末變法大潮中的法理言說研究之二》，《法制與社會發展》2020 年第 3 期。

256. 胡玉鴻：《法理的功能及與其他評價標準的異同——清末變法大潮中的法理言說研究之三》，《法制與社會發展》2020 年第 4 期。

257. 胡玉鴻：《法理的功能及與其他評價標準的異同——清末變法大潮中的法理言說研究之一》，《法制與社會發展》2020 年第 2 期。

258. 皇甫崢崢：《晚清駐英公使館與國際法的運用：以雙語照會為中心的考察》，《中華文史論叢》2020 年第 2 期。

259. 焦婕：《論伍廷芳對美國國民法律意識的考察——以〈美國視察記〉為中心》，《遼寧大學學報》2020 年第 2 期。

260. 賴駿楠：《清末立憲派的近代國家想像：以日俄戰爭時期的〈東方雜誌〉為核心研究對象（1904～1905）》，載鄧慶平主編：《多元視域下的近世法律與中國社會》，中國政法大學出版社，2020 年版。

261. 李俊豐：《19 世紀西人筆下「中國法律形象」的建構——以溺嬰為中心》，《安徽史學》2020 年第 1 期。

262. 劉偉：《清末審判廳之設置與州縣官的審判權》，吳佩林主編：《地方檔案與文獻研究》第四輯，國家圖書館出版社，2020 年版。

263. 劉之楊：《人無公心：唐烜所見新政受挫之原因》，《法律史評論》2020 年第 1 期。

264. 馬子政：《論「同光中興」中的治外法權》，《人大法律評論》編輯委員會組編：《人大法律評論》（2019 年卷‧第 2 輯），法律出版社，2020 年版。

265. 牛子晗：《鎔鑄中外法律文化的巨匠——沈家本》，《歷史教學（下半月刊）》2020 年第 10 期。

266. 沈瑋瑋、龍舒婷：《明達治體：重析達壽與清末憲法制定一案》，載陳景良、鄭祝君主編、李棟執行主編：《中西法律傳統》第 15 卷，中國政法大學出版社，2020 年版。

267. 蘇全有：《清末預備立憲事件再析》，《江漢論壇》2020 年第 3 期。

268. 王雲紅：《中國法律史上的失蹤者：晚清豫派律學家群體考論》，《河南大學學報（社會科學版）》2020 年第 5 期。

269. 閆強樂：《「陝派律學」著述叢考》，《法律史評論》2020 年第 1 期。

270. 張春海：《從「瘋病者」到「理性人」——中國帝制晚期精神疾病法律的「差序格局」》，載張生主編：《法史學刊》（第 15 卷），社科文獻出版社，2020 年版。

271. 張群：《狀元出身的刑部侍郎——錢維城》，載朱勇主編：《中華法系》（第十三卷），法律出版社，2020 年版。

272. 章安邦：《制度競爭視野下清末司法主權的淪喪與維護——以領事裁判權為例》，《法制與社會發展》2020 年第 5 期。

273. 趙建民：《預備立憲公會與清季商法的編訂》，《學術研究》2020 年第 1 期。

274. 趙毅：《基層社會的治理與互動：基於清末吐魯番坎兒井民事糾紛的考察》，《西北民族論叢》2020 年第 1 期。

275. 鍾一葦：《清水江文書中糾紛解決的價值取向研究》，《思想戰線》2020 年第 3 期。

276. 仲偉民、郝鑫：《再審琦善：歷史學、法學與證據科學》，《廈門大學學報》2020 年第 1 期。

277. 朱明哲：《法學知識的跨國旅行——馬建忠和 19 世紀末的法國法學》，《政法論壇》2020 年第 1 期。

278. 莊馳原、肖維青：《嚴復〈法意〉的英文底本與翻譯動機考辨》，《外語教學》2020 年第 6 期。

279. 鄒小站：《預備立憲時期立憲派的立憲國民程度論述》，《廣東社會科學》2020 年第 6 期。

（二）北洋軍閥和中華民國

1. 把增強：《民國時期華北鄉村土地秩序的紛亂、調整與重構——以對「民國河北高等法院檔案」土地糾紛類案件的分析為中心》，《河北大學學

報》2011 年第 1 期。

2. 把增強：《契約與法院：民國時期土地交易與糾紛解決的二元嬗遞》，《河北學刊》2011 年第 2 期。

3. 柴榮、柴英：《從等級身份到法律平等——以辛亥革命為中心考察》，《法學研究》2011 年第 5 期。

4. 陳新宇：《誰在阻撓〈大清新刑律〉的議決？——章宗祥回憶辨偽及展開》，《清華法學》2011 年第 6 期。

5. 陳志波：《國家與社會關係視野下的南京國民政府社團立法》，《廣西社會科學》2011 年第 3 期。

6. 程波：《二十世紀二、三十年代中國法學話語的多面性》，《法學雜誌》2011 年第 4 期。

7. 程燎原：《中國法治政體的始創——辛亥政治革命的法治論剖析與省思》，《法學研究》2011 年第 5 期。

8. 董陸璐：《民初的法律廣告與法律文化（1912～1926）——以《申報》為中心的考察》，《學術研究》2011 年第 4 期。

9. 付子堂：《民生在辛亥憲政歷程中的演進》，《法學研究》2011 年第 5 期。

10. 龔汝富：《鄉土之誼：民國時期共有財產訴訟的另類解讀——以景德鎮蘇湖書院產業侵佔案為例》，《比較法研究》2011 年第 6 期。

11. 韓大元：《辛亥革命與憲法學知識譜系的轉型》，《中國法學》2011 年第 4 期。

12. 黃虹：《抗戰時期重慶的公共衛生法規研究》，《江西社會科學》2011 年第 3 期。

13. 蔣銀華：《孫中山民生主義的人權屬性與時代價值》，《法學評論》2011 年第 4 期。

14. 雷秋玉：《論私法中的私法自治與公法強制——以民國初年的不動產登記立法為例》，《社會科學研究》2011 年第 2 期。

15. 李龍：《論辛亥革命的法學價值》，《政治與法律》2011 年第 10 期。

16. 李青：《護法與毀法——寫在辛亥革命百年》，《中國政法大學學報》2011 年第 4 期。

17. 梁迎修：《辛亥革命以來的中國法制現代化——歷史演變及其實踐邏輯》，《河北法學》2011 年第 9 期。

18. 廖丹：《1923 年民國憲法之價值評析》，《武漢大學學報》2011 年第 2 期。

19. 劉婷婷：《近代中國憲政縮影——辛亥百年解讀雲南護國運動》，《政法論叢》2011 年第 6 期。

20. 劉昕杰：《以和為貴：民國時期基層民事糾紛中的調解》，《山東大學學報》2011 年第 4 期。

21. 劉錚：《南京國民政府行政法院創建問題考》，《河南師範大學學報》2011 年第 4 期。

22. 柳岳武：《南京國民政府治下婚約案件審理研究》，《福建論壇》2011 年第 3 期。

23. 馬建紅：《辛亥革命：法制的斷裂與傳承——以〈暫行援用前清法律令〉為中心的靜態考察》，《河北法學》2011 年第 9 期。

24. 莫紀宏：《辛亥革命前夕各國立憲文本的特徵比較》，《法學研究》2011 年第 5 期。

25. 裴豔：《〈中華法學雜誌〉研究——兼談民國後期法學民族主義話語》，《中國政法大學學報》2011 年第 1 期。

26. 裴豔：《中華民國法學會論略》，《重慶大學學報》2011 年第 5 期。

27. 亓同惠：《砥礪於創新與保守之間——論章太炎對歷代法制的檢討》，載《清華法律評論委員會編》：《清華法律評論》第 5 卷第 1 輯，清華大學出版社，2011 年版。

28. 錢功峰：《辛亥以來「主權在民」條款的中國式闡釋》，《法學研究》2011 年第 5 期。

29. 沈國明：《客觀評價〈臨時約法〉的「因人設事」》，《法學研究》2011 年第 5 期。

30. 王灝：《辛亥革命時期法政雜誌與西法東漸》，《北方法學》2011 年第 5 期。

31. 王紅梅：《會審公廨司法審判權的「攫取」與「讓渡」——會審公廨移交上海總商會調處民商事糾紛的分析》，《甘肅社會科學》2011 年第 1 期。

32. 王書成：《立憲共和之民初啟蒙及反思》，《法學研究》2011 年第 5 期。

33. 王濤：《1922 年湖南省憲法五辨——基於英美憲政經驗的解讀》，《華南師範大學學報》2011 年第 4 期。

34. 王學輝、趙勇：《民國北京政府立憲進程中關於行政訴訟模式的爭論》，

《行政法學研究》2011 年第 4 期。

35. 翁有為：《法律、秩序和權勢重建的努力：1927 年後的民國鄉村》，《安徽史學》2011 年第 6 期。

36. 吳燕：《國民政府時期四川縣級司法人事制度改革研究》，《近代史研究》2011 年第 2 期。

37. 項焱：《美國地方自治實踐對孫中山之影響及其限度》，《法學評論》2011 年第 4 期。

38. 謝冬慧：《南京國民政府民事審判的兩個指導方針之闡析》，《蘭州學刊》2011 年第 7 期。

39. 謝冬慧：《南京國民政府民事審判制度何以發達——基於時代背景的考察》，《甘肅社會科學》2011 年第 2 期。

40. 徐靜莉：《民初寡婦立嗣權的變化——以大理院立嗣判解為視角》，《政法論壇》2011 年第 2 期。

41. 許章潤：《論國民的法治願景——關於晚近三十年中國民眾法律心理的一個描述性觀察》，《清華大學學報》2011 年第 3 期。

42. 尹偉琴：《論宗祧繼承和財產繼承的分離——以民國時期女兒的祭田權利為例》，《法學》2011 年第 2 期。

43. 翟紅娥、陳昊：《尋求法律與國情的平衡——北洋政府時期親屬法立法與司法活動評析》，《政法論叢》2011 年第 3 期。

44. 張晉藩：《辛亥革命百年話法統》，《法學雜誌》2011 年第 11 期。

45. 張培田、孫永波：《民國京師檢察第一要案史料芻析》，《中國刑事法雜誌》2011 年第 8 期。

46. 《秉承東吳傳統展望學科未來——蘇州大學刑事法學科簡介》，載刑法與刑事司法編輯部主編：《刑法與刑事司法（2012 年第 1 卷）》，法律出版社，2012 年版。

47. 《東吳「刑法與刑事司法」文獻題錄（1922～2012 年）》，載刑法與刑事司法編輯部主編：《刑法與刑事司法（2012 年第 1 卷）》，法律出版社，2012 年版。

48. 《東吳學術與民國刑法》，載刑法與刑事司法編輯部主編：《刑法與刑事司法（2012 年第 1 卷）》，法律出版社，2012 年版。

49. 《繁榮中的荒蕪：梁啟超之問與中國少年司法》，載宋英輝主編：《京師

刑事訴訟法論叢》第 2 卷，北京師範大學出版社，2012 年版。

50. 《祭法學大師楊兆龍》，載刑法與刑事司法編輯部主編：《刑法與刑事司法（2012 年第 1 卷）》，法律出版社，2012 年版。

51. 艾晶：《民初女性犯罪的經濟化趨勢研究》，《西南大學學報》2012 年第 5 期。

52. 曾桂林：《試論民國北京政府的慈善立法》，《北京社會科學》2012 年第 4 期。

53. 陳福初：《1944 年民國政府〈專利法〉研究》，《福建論壇》2012 年第 9 期。

54. 董彥斌：《〈臨時約法〉制憲權審視》，《史學月刊》2012 年第 1 期。

55. 董彥斌：《擺蕩在秩序與自由之間的四種光譜：民初憲政新論》，《政法論壇》2012 年第 5 期。

56. 郭相宏：《民國制憲的反思》，《史學月刊》2012 年第 1 期。

57. 季金華：《廣州武漢國民政府時期的司法發展及其意義》，《廣西社會科學》2012 年第 8 期。

58. 荊月新：《民國時期學界對西法移植的反思及其侷限》，《山東社會科學》2012 年第 8 期。

59. 劉阿榮：《辛亥革命與近代中國法治精神的建立》，《史學月刊》2012 年第 1 期。

60. 劉暢：《近代中國主權理論體系的初成——基於民國國際法學研究的考察》，《暨南學報》2012 年第 6 期。

61. 龍偉：《墮胎非法：民國時期的墮胎罪及其司法實踐》，《近代史研究》2012 年第 1 期。

62. 羅旭南：《1935 年〈中華民國刑法〉對中國傳統法的繼承》，《社會科學家》2012 年第 1 期。

63. 馬方方：《南京國民政府〈工廠法〉實施的困境與難局：以女工為例》，《甘肅社會科學》2012 年第 3 期。

64. 馬建紅：《孫中山的法治理想與現實困境》，《法學雜誌》2012 年第 1 期。

65. 苗連營、吳禮寧：《解釋憲政：辛亥革命的制度論與文化論之辯》，《北方法學》2012 年第 4 期。

66. 牟憲魁：《北洋政府時期的司法權與憲法解釋制度研究》，《法學評論》

2012 年第 3 期。

67. 饒傳平：《憲政與革命：1920 年代中國知識分子的「孤軍」困境——以〈孤軍〉雜誌為中》，《政法論壇》2012 年第 5 期。

68. 宋宏飛、張麗：《「陪都」時期國民政府的民事審判評析》，《山東社會科學》2012 年第 7 期。

69. 蘇基朗：《有法無天？嚴復譯〈天演論〉對 20 世紀初中國法律的影響》，《清華法學》2012 年第 5 期。

70. 唐仕春：《一九一四年審判廳大裁併之源流》，《歷史研究》2012 年第 3 期。

71. 王立民：《辛亥革命時期上海華界立法探析》，《史林》2012 年第 6 期。

72. 王有糧：《在「倫理法」與「理性法」之間：民國新繁縣訴訟檔案中的「家族」》，《四川大學學報》2012 年第 3 期。

73. 謝冬慧：《另類法文化解讀：民國時期的宗教與法論略》，《東嶽論叢》2012 年第 11 期。

74. 薛寧：《辛亥革命時期中國著作權法的發展》，《知識產權》2012 年第 1 期。

75. 楊天宏：《曹錕「賄選」控告的法律證據研究》，《歷史研究》2012 年第 6 期。

76. 姚秀蘭：《南京國民政府監察制度探析》，《政法論叢》2012 年第 2 期。

77. 尹萍：《民初大理院援用習慣之考慮因素探析——以〈大理院判例要旨匯覽〉（1912～1918）為主要考察文本》，《山東大學學報》2012 年第 5 期。

78. 于明：《政體、國體與建國：民初十年制憲史的再思考》，《中外法學》2012 年第 1 期。

79. 臧運祜：《孫中山與〈中華民國臨時約法〉關係縱論》，《華中師範大學學報》2012 年第 5 期。

80. 張冬輝：《南京國民政府監察使制度探析》，《求索》2012 年第 12 期。

81. 張仁善：《論民國時期收復司法主權的法理抗爭》，《法學》2012 年第 2 期。

82. 張龔：《人民的成長與攝政的規範化：辛亥革命以來的人民意志建構及其先鋒隊》，《中外法學》2012 年第 1 期。

83. 趙秉志：《中國刑法的百年變革——紀念辛亥革命一百週年》，《政法論壇》2012 年第 1 期。

84. 趙曉耕：《中華民國時期〈司法公報〉述略》，《山西大學學報》2012 年第 3 期。

85. 曾代偉、畢凌雪：《南京國民政府時期自由心證制度駁議——以民國司法檔案為據》，《貴州社會科學》2013 年第 1 期。

86. 曾代偉：《抗日戰爭大後方司法改革論綱——以戰時首都重慶司法實踐為中心的考察》，《現代法學》2013 年第 5 期。

87. 曾桂林：《民國時期的慈善法制建設及其經驗教訓》，《史學月刊》2013 年第 3 期。

88. 陳新宇：《從禮法論爭到孔教入憲——法理健將汪榮寶的民初轉折》，《華東政法大學學報》2013 年第 5 期。

89. 成方曉：《由起草修改過程看〈臨時約法〉的政體選擇傾向》，《中外法學》2013 年第 4 期。

90. 成富磊：《法的辛亥之變——以刑律中君親條文的變動為中心》，《史林》2013 年第 1 期。

91. 崔蘭琴：《辛亥革命理念與民初地方自治探索——以浙江為例》，《比較法研究》2013 年第 3 期。

92. 丁潔琳：《吳經熊與民國憲政》，《國家檢察官學院學報》2013 年第 3 期。

93. 馮兵：《國共兩黨處置逆產政策比較研究——基於懲奸法令的文本分析》，《深圳大學學報》2013 年第 2 期。

94. 郭緒印：《孫中山與〈中華民國臨時約法〉》，《上海師範大學學報》2013 年第 3 期。

95. 李里峰：《有法之法與無法之法——1940 年代後期華北土改運動「過激化」之再考察》，《史學月刊》2013 年第 4 期。

96. 李啟成：《議事之學與近代中國的民權演進——從〈資政院議事細則〉到〈民權初步〉》，《法學家》2013 年第 3 期。

97. 李文軍：《社會本位司法理念中國化研究——從民國的理論與實踐展開》，《思想戰線》2013 年第 1 期。

98. 李曉婧：《論民國初期傳統刑罰的恢復——以南京市江寧區司法檔案為例》，《中國刑事法雜誌》2013 年第 2 期。

99. 李曉婧：《論南京國民政府時期納妾行為的「合法」存在——以江寧縣法院司法訴訟檔案為考察中心》，《內蒙古社會科學》2013 年第 1 期。

100. 李秀清：《品讀朝陽》，《比較法研究》2013 年第 3 期。

101. 李嚴成：《1935 年漢口律師公會選舉糾紛研究》，《民國檔案》2013 年第 3 期。

102. 李嚴成：《論民國律師公會的公法人性質》，《湖北大學學報》2013 年第 4 期。

103. 梁洪明：《馬錫五審判與中國革命》，《政法論壇》2013 年第 5 期。

104. 柳岳武：《抗戰前十年國民政府別居案件審理研究》，《史學月刊》2013 年第 4 期。

105. 龍偉：《民國司法檢驗的制度轉型及其司法實踐》，《社會科學研究》2013 年第 4 期。

106. 馬靜：《1927～1937 年北平女性犯罪研究》，《社會科學家》2013 年第 8 期。

107. 馬一德：《政治變革與國家能力——對中國近代憲治探尋的再思考》，《法學研究》2013 年第 6 期。

108. 牟憲魁：《國民政府時期的司法權與憲法解釋制度研究——「五五憲草」上的司法釋憲模式之檢討》，《法學》2013 年第 4 期。

109. 聶鑫：《民初制憲權問題的再審視——比較憲法的視角》，《華東政法大學學報》2013 年第 5 期。

110. 聶鑫：《內閣制、總統制還是半總統制——民國憲法史上的政體之爭》，《法學》2013 年第 10 期。

111. 饒傳平：《「得依法律限制之」：〈臨時約法〉基本權利條款源流考》，《中外法學》2013 年第 4 期。

112. 孫德鵬：《袁世凱的絕境——讀〈亂世奸雄袁世凱〉》，《政法論壇》2013 年第 3 期。

113. 唐國軍、趙鵬：《新桂系廣西司法改革論略》，《學術論壇》2013 年第 7 期。

114. 唐仕春：《北洋時期的政治分立與司法統一》，《近代史研究》2013 年第 4 期。

115. 田雷：《最壞的政體——古德諾的隱匿命題及其解讀》，《華東政法大學

學報》2013 年第 5 期。

116. 汪雄濤：《民初法律衝突中的妥制——以大理院解釋例為素材的考察》，《雲南社會科學》2013 年第 2 期。

117. 王紅曼：《國民政府對戰時銀行外匯業務的法律監管》，《蘭州學刊》2013 年第 8 期。

118. 王其林：《論民國醫師刑事法律制度的失衡——以「業務過失」罪為視角》，《河北法學》2013 年第 11 期。

119. 謝冬慧：《民國時期民事和解制度論略》，《蘭州學刊》2013 年第 10 期。

120. 謝蔚：《民國初年雲南司法現代化的推進及其阻力——以雲南專職司法審判機構建立為中心的考察》，《思想戰線》2013 年第 4 期。

121. 徐德莉：《民國時期墳塋爭訟及其側影——以偽造文書訟案為中心》，《江西師範大學學報》2013 年第 6 期。

122. 徐駿：《南京國民政府立法院的精英性及民主轉型——以立法委員為中心的考察》，《暨南學報》2013 年第 11 期。

123. 許章潤：《基於庸見的法意——胡適之先生關於憲政與法制的看法》，《法學》2013 年第 6 期。

124. 嚴海建：《法理與罪責：國民政府對戰犯谷壽夫審判的再認識》，《江海學刊》2013 年第 6 期。

125. 楊天宏：《比較憲法學視閾下的民初根本法》，《歷史研究》2013 年第 4 期。

126. 于明：《革命與制憲之間——吳景濂與 1923 年〈中華民國憲法〉》，《華東政法大學學報》2013 年第 5 期。

127. 張錦錦、郭建：《論民國政府時期刑事審判制度的變革》，《求索》2013 年第 7 期。

128. 張偉、曾代偉：《抗戰時期國民政府的刑事審判程序改革探析——以〈特種刑事案件訴訟條例〉為中心》，《求索》2013 年第 9 期。

129. 章永樂：《從「大妥協」到「大決裂」：重訪 1913 年》，《華東政法大學學報》2013 年第 5 期。

130. 鄭啟福：《民國時期錢會習慣法研究》，《西南大學學報》2013 年第 2 期。

131. 鄭尚元：《民國社會保險實踐及我國臺灣地區社會保險法制之展開》，《甘肅社會科學》2013 年第 4 期。

132. 朱漢國：《從離婚訴訟案看民國時期婚姻觀念的演進》，《河北學刊》2013年第 6 期。

133. 陳勝強：《政治決斷掩蓋了「權力決斷」——民元以來立憲的文化分析》，《法學評論》2014 年第 4 期。

134. 陳雲朝：《論南京國民政府時期土地所有權的限制——以私法社會化為背景》，《湖北大學學報》2014 年第 4 期。

135. 杜正貞、王雲婷：《民國的招贅婚書與招贅婚訴訟——以龍泉司法檔案為中心的研究》，《政法論壇》2014 年第 3 期。

136. 杜正貞：《民國時期的族規與國法——龍泉司法檔案中的季氏修譜案研究》，《浙江大學學報》2014 年第 1 期。

137. 馮兵：《抗戰勝利後國民政府懲奸立法研究》，《甘肅社會科學》2014 年第 2 期。

138. 胡銘、張健：《轉型與承續：民國時期的刑事和解——基於龍泉司法檔案（1929～1949）的考察》，《浙江大學學報》2014 年第 1 期。

139. 李富鵬：《共識與爭議：天壇憲草之孔教入憲的發生機制與規範結構》，《中外法學》2014 年第 4 期。

140. 劉雲虹：《差序格局社會中的法治困境——以國民政府監察院「打虎」為例》，《江蘇社會科學》2014 年第 1 期。

141. 王本存：《抗戰時期陳啟天憲政思想研究》，《政法論壇》2014 年第 4 期。

142. 吳錚強：《龍泉司法檔案所見晚清屢票不案現象研究》，《浙江大學學報》2014 年第 1 期。

143. 徐駿：《南京國民政府立法社會化述評——以土地法與勞工法為例》，《廣西社會科學》2014 年第 2 期。

144. 楊鴻雁、肖強：《民初大理院選舉訟案審判研究——以〈最新司法判詞〉為基礎》，《法學雜誌》2014 年第 1 期。

145. 楊瑞：《蔡元培與北京大學法科存廢之爭》，《近代史研究》2014 年第 1 期。

146. 張勤：《法律精英、法律移植和本土化：以民國初期的修訂法律館為例》，《法學家》2014 年第 4 期。

147. 張學繼：《從法理視角論〈中華民國臨時約法〉的缺陷》，《杭州師範大學學報》2014 年第 3 期。

148. 中村元哉、姚毅：《戰時中國的憲法制定史》，《抗日戰爭研究》2014 年第 2 期。

149. 朱英、郝昭荔：《戰後審奸中的派系之爭與司法混亂：以青島丁敬臣案為例》，《江蘇社會科學》2014 年第 3 期。

150. 朱英：《二十世紀二十年代商會法的修訂及其影響》，《歷史研究》2014 年第 2 期。

151. 曾代偉、樊釩：《民國初年外國人在華法律地位的變遷（1912～1928）》，《貴州社會科學》2014 年第 7 期。

152. 陳明：《民初政體重建與〈中華民國臨時約法〉之省制缺失》，《廣東社會科學》2014 年第 5 期。

153. 范松：《辛亥革命後貴州資產階級法制的創建與挫摺》，《貴州社會科學》2014 年第 7 期。

154. 衡芳珍：《抗戰時期國民政府的「勞工統制」與勞工立法》，《中州學刊》2014 年第 5 期。

155. 劉暢：《民國時期之中國戰爭法研究述略》，《河北法學》2014 年第 9 期。

156. 劉鄂：《依違於禮教與宗教之間——〈欽定大清刑律〉「發掘墳墓罪」研究》，《清華法學》2014 年第 6 期。

157. 魯忠江：《近代化話語的司法之維——民國司法制度研究述評》，《學術界》2014 年第 12 期。

158. 聶鑫：《國民政府時期立法院的地位與權限》，《歷史研究》2014 年第 6 期。

159. 牛傑：《民國後期選舉爭訟中的憲政話語和法律觀念——基於地方選舉訴訟檔案的考察》，《暨南學報》2014 年第 8 期。

160. 邱志紅：《民國時期女律師職業形象的塑造與實踐》，《北京社會科學》2014 年第 6 期。

161. 沈凌：《南京國民政府時期的審判管理研究》，《學術探索》2014 年第 7 期。

162. 唐華彭：《論南京國民政府時期基層法院的職權構成——以鎮江地方法院為例》，《理論月刊》2014 年第 9 期。

163. 童旭、丁亞蘭：《「土地徵收」概念的中國源起——以民國時期「土地徵收」概念的演變與發展為中心》，載謝進傑主編：《中山大學法律評論》

第 12 卷第 1 輯，廣西師範大學出版社，2014 年版。

164. 王傳敏整理：《民國監獄若干史料輯錄》，載姜金兵主編：《監獄評論》（第 6 卷），法律出版社，2014 年。

165. 王紅曼：《北洋政府時期的金融立法與金融發展》，《江淮論壇》2014 年第 6 期。

166. 王紅曼：《國民政府對戰時銀行存儲業務的法律監管》，《蘭州學刊》2014 年第 6 期。

167. 吳錚強：《龍泉司法檔案所見縣知事兼理審判程序及其意義》，《浙江社會科學》2014 年第 7 期。

168. 徐升：《民國立法院重構及運行中的派系鬥爭（1946～1949）》，《暨南學報》2014 年第 8 期。

169. 易青：《南京國民政府家族制度立法探討——以〈親屬法〉〈繼承法〉為中心》，載張憲文主編：《民國研究》第 26 輯，社科文獻出版社，2014 年版。

170. 喻中：《民國初年的司法獨立——司法總長梁啟超的理論與實踐》，《清華法學》2014 年第 6 期。

171. 張超：《政治和法律的互動：孫洪伊與 1916 年平政院受理的內務部停職案》，《北京社會科學》2014 年第 8 期。

172. 張道強：《民國判例：功能、必要性與特點——以南京政府刑事特別法判例為例》，《法學雜誌》2014 年第 9 期。

173. 鄒亞莎：《從典制到典權的基本定型——民初大理院對傳統典制的近代化改造》，《社會科學家》2014 年第 8 期。

174. 曾代偉、李秉祥：《論南京國民政府的戰時警察教育制度》，《河南社會科學》2015 年第 11 期。

175. 曾代偉、孫西勇：《抗戰時期戰區巡迴審判經費籌措考略——以 1939～1940 年江西戰區為例》，《河北法學》2015 年第 2 期。

176. 柴松霞：《近代中日出洋考察憲政的差異性解析：法文化的視角》，載里贊主編：《法律史評論（第 8 卷）》，法律出版社，2015 年版。

177. 陳新宇：《近代清華法政教育研究（1937～1952）》，載《清華法律評論委員會編》：《清華法律評論》第 8 卷第 1 輯，清華大學出版社，2015 年版。

178. 陳煜：《1914：「革命護法」的開端——民初的法統之爭及其啟示》，載張仁善主編：《南京大學法律評論（2015 年春季卷）》，法律出版社，2015年版。

179. 陳長寧：《服從並疏離：中央立法在地方的「非預期運用」——以民國新繁縣煙毒案件為樣本》，載陳煜主編：《新路集——第五屆張晉藩法律史學基金會徵文大賽獲獎作品集》（第五集），中國政法大學出版社，2015年版。

180. 程澤時、張生：《民國前期金融組織法的轉型——以固有合夥責任習慣的改造和重構為視角》，載朱勇主編：《中華法系》（第六卷），法律出版社，2015 年版。

181. 程澤時：《民初中國金融市場的司法調適——以買空賣空的限縮解釋與適用為視角》，《政法論壇》2015 年第 1 期。

182. 丁麗：《北洋政府時期的勞動立法問題探析》，《北方論叢》2015 年第 6 期。

183. 樊英傑：《制度抑或利益：插花飛地治理的另一個視角——以民國榮縣縣界糾紛案為例》，載里贊主編：《法律史評論（第 8 卷）》，法律出版社，2015 年版。

184. 宮素珍：《由定婚到訂婚——民國時期定婚制度的變遷及社會實態研究》，《政法論壇》2015 年第 4 期。

185. 宮素珍：《由定婚到訂婚——民國時期定婚制度的變遷及社會實態研究》，政法論壇》2015 年第 4 期。

186. 黃林琳：《民國時期的人權思想研究》，載里贊主編：《法律史評論（第 7 卷）》，法律出版社，2015 年版。

187. 黃毛毛：《上海公共租界領事公堂思考》，載華東政法大學研究生教育院編：《鹿鳴集：華東政法大學優秀學位論文選（2015 年卷）》，法律出版社，2015 年版。

188. 黃瑞亭：《羅文干與中國早期的法醫研究所》，《中國法醫學雜誌》2015 年第 3 期。

189. 康驍：《管治時期澳門法制探析》，載里贊主編：《法律史評論（第 7 卷）》，法律出版社，2015 年版。

190. 李貴生：《關於民國初期《易答條例》的再思考》，載陳煜主編：《新路集

——第五屆張晉藩法律史學基金會徵文大賽獲獎作品集》（第五集），中國政法大學出版社，2015 年版。

191. 李世陽：《民國時期的共同過失犯罪立法史考察》，載陳興良主編：《刑事法評論（第 35 卷）》，北京大學出版社，2015 年版。

192. 李文軍：《近代中國國民黨群體本位法律思想簡論——兼與西方社會法學比較》，載里贊主編：《法律史評論（第 7 卷）》，法律出版社，2015 年版。

193. 李秀清：《域外法的引介及法律人的擔當——中國的經驗》，載朱勇主編：《中華法系》（第六卷），法律出版社，2015 年版。

194. 劉長林、章磊：《上海因婚自殺報導與實施新〈婚姻法〉動員》，《史學月刊》2015 年第 8 期。

195. 牛錦紅：《民初土地糾紛案件判決依據解析——以〈江蘇省司法彙報〉和〈司法公報〉為分析對象》，《江蘇社會科學》2015 年第 3 期。

196. 任曉蘭、孫培培：《民國時期預算年度法律制度探析》，載里贊主編：《法律史評論（第 7 卷）》，法律出版社，2015 年版。

197. 宋玲：《制度內外的困境——南京國民政府時期行政訴訟制度實效不彰的原因》，《湘潭大學學報》2015 年第 6 期。

198. 唐華彭：《司法行政權的合理配置與地方「兩院」省級統管——以南京國民政府時期為例》，《法學》2015 年第 5 期。

199. 王貴松：《民初行政訴訟法的外國法背景》，《清華法學》2015 年第 2 期。

200. 王進文：《失敗的立法者——國會制憲、法統沉浮與吳景濂在民初的政治活動》，載里贊主編：《法律史評論（第 8 卷）》，法律出版社，2015 年版。

201. 王啟輝：《民國時期醫訟案鑒定制度研究》，《東南大學學報》2015 年第 5 期。

202. 王有糧：《基層命案與民國刑法：以新繁檔案為中心的初步考察》，載里贊主編：《法律史評論（第 8 卷）》，法律出版社，2015 年版。

203. 吳非櫺：《中國法制史研究中的「通史」與「專題史」——民國法制史研究代表作比較分析》，載里贊主編：《法律史評論（第 8 卷）》，法律出版社，2015 年版。

204. 吳景鍵：《「法統戰爭」：1922 年「法統重光」再審視》，載陳煜主編：《新

路集——第五屆張晉藩法律史學基金會徵文大賽獲獎作品集》（第五集），中國政法大學出版社，2015 年版。

205. 武幹：《論南京國民政府的財政監督制度體系》，《法學評論》2015 年第 5 期。

206. 謝冬慧：《民國時期司法誠信原則探微——以南京國民政府時期的民事審判為例》，《學習與探索》2015 年第 3 期。

207. 謝冬慧：《民國時期鄉村區域治理的特殊力量——以民間調解為例的解讀》，《東南學術》2015 年第 2 期。

208. 熊斌：《抗戰前後消費合作社法規研究》，《求索》2015 年第 10 期。

209. 徐辰：《「馬電」的憲法學釋義——民初法統爭議的起源、過程與終結》，《探索與爭鳴》2015 年第 11 期。

210. 徐進：《論民國初年行政訴訟體制的確立》，《蘇州大學學報》2015 年第 3 期。

211. 顏麗媛：《不平等條約觀念的傳播及其影響——以廢約運動為中心（1924～1943）》，載陳煜主編：《新路集——第五屆張晉藩法律史學基金會徵文大賽獲獎作品集》（第五集），中國政法大學出版社，2015 年版。

212. 顏同林：《出版禁令法律與民國作家的生存空間》，《福建論壇》2015 年第 12 期。

213. 喻中：《所謂國體：憲法時刻與梁啟超的共和再造》，《法學家》2015 年第 4 期。

214. 袁野：《試述準殖民地時期（1849～1976 年）澳門的民法淵源》，載里贊主編：《法律史評論（第 7 卷）》，法律出版社，2015 年版。

215. 張超：《平政院、大理院與 1914 年王治馨賣官案的審判實踐》，載謝進傑主編：《中山大學法律評論》第 13 卷第 1 輯，廣西師範大學出版社，2015 年版。

216. 張皓：《戰後的西藏問題與〈中華民國憲法〉有關條文的制定及實施》，《史學月刊》2015 年第 2 期。

217. 張健：《民國時期國共兩黨民事調解的比較研究——國家權力下沉背景下的社會治理與社會動員》，《甘肅政法學院學報》2015 年第 2 期。

218. 張婧：《民國時期男女平權立法之研究——以夫妻財產制為視角》，《法學評論》2015 年第 4 期。

219. 張生：《民國民法典的制：復合立法機構的組織與運作》，《比較法研究》2015 年第 3 期。

220. 張曉輝、馬寧：《抗戰時期軍法機關審理軍法案之實踐——以陳修爵貪污資敵案為例》，《廣東社會科學》2015 年第 6 期。

221. 周雷：《從行會本土規則到商會制度——中國商業民間組織的近代轉型》，載朱勇主編：《中華法系》（第六卷），法律出版社，2015 年版。

222. 周穎：《民國少年監獄數目考》，載里贊主編：《法律史評論（第 7 卷）》，法律出版社，2015 年版。

223. 曹文姣：《法統抉擇與政治妥協：從 1916 年民國約法之爭說起》，載強世功主編：《政治與法律評論》第 6 輯，法律出版社，2016 年版。

224. 陳惠芬：《知識轉型與國家改造——張君勱對戰後歐洲各國代議制改造的考察（1919～1921）》，《法制史研究》（臺）2016 年第 29 輯。

225. 陳開江：《舊鹽商對國民政府新〈鹽法〉改革的輿論誤導與阻擾探究》，《鹽業史研究》2016 年第 3 期。

226. 陳先初：《民國前期的立憲主義及其實踐》，《安徽史學》2016 年第 6 期。

227. 陳新宇：《向左轉？向右轉？——董康與近代中國的法律改革》，張生主編：《中國法律近代化論集（第三卷）》，中國政法大學出版社，2016 年版。

228. 杜衛華：《1949 年前留德法學學人的學習與影響》，載高鴻鈞主編：《中國比較法學·比較法治文化：2015 年卷》，中國政法大學出版社，2016 年版。

229. 杜正貞：《民國法律、訴訟和社會語境下的「習慣」——以「異姓承嗣」為例》，載李在全執行主編：《近代中國的法律與政治》，社會科學文獻出版社，2016 年版。

230. 付海晏：《清規還是國法：1946 年北京白雲觀住持安世霖火燒案再研究》，《南京社會科學》2016 年第 3 期。

231. 高翔：《民國時期北京監獄「三科兩所」管理體制研究》，《河南師範大學學報》2016 年第 3 期。

232. 高翔：《民國時期北京監獄醫療衛生制度研究》，載李曙光主編：《法大研究生》2016 年第 1 輯，中國政法大學出版社，2016 年版。

233. 高遠：《理想與現實的脫節：民國時期實現司法獨立的困境》，《暨南學

報》2016 年第 7 期。

234. 侯中軍:《中國與一戰:北京政府劃定行軍區域的相關國際法問題》,載李在全執行主編:《近代中國的法律與政治》,社會科學文獻出版社,2016 年版。

235. 黃東:《威權政治轉型視野下的蔣胡約法之爭》,《中國政法大學學報》2016 年第 5 期。

236. 吉正芬:《民國西康省司法改革的嘗試:〈西康民刑事特別法草案〉》,《西藏大學學報》2016 年第 2 期。

237. 江國華、李福林:《迷思中的司法與社會:民國時期司法的社會本位問題》,《南京社會科學》2016 年第 3 期。

238. 江照信:《民國沒有反沈派:立憲派司法與辛亥派司法》,載李在全執行主編:《近代中國的法律與政治》,社會科學文獻出版社,2016 年版。

239. 江照信:《中國法律「看不見中國」:居正與三十年代變法》,張生主編:《中國法律近代化論集（第三卷)》,中國政法大學出版社,2016 年版。

240. 蔣蕾、楊悅:《以法律之名製造的「新聞樊籬」——對偽滿新聞統制的歷史考察》,《社會科學戰線》2016 年第 6 期。

241. 柯偉明:《1940 年代臨時財產稅的立法與社會反應》,《福建論壇》2016 年第 2 期。

242. 李秉祥:《論抗戰時期陪都警察的防空職能》,《河北法學》2016 年第 3 期。

243. 李超:《論民初司法顧問畢葛德的制憲主張》,《理論月刊》2016 年第 1 期。

244. 李冬木、佐藤亙、吉田富夫:《帝國共和:從「清皇」到「大聖皇」——關於「袁世凱加筆民國憲法草案」》,《文史哲》2016 年第 1 期。

245. 李棟:《蔡樞衡對中國近代法學的反思》,張生主編:《中國法律近代化論集（第三卷)》,中國政法大學出版社,2016 年版。

246. 李曉婧:《從民國初年「侮辱大總統案」審視租界司法的雙重性》,載朱勇主編:《中華法系》（第八卷),法律出版社,2016 年版。

247. 李嚴成:《民國時期的律師懲戒制度與實踐——以鄭毓秀律師的退會處分為中心》,《社會科學戰線》2016 年第 11 期。

248. 李在全：《民國初年司法官群體的分流與重組——兼論辛亥鼎革後的人事嬗變》，《近代史研究》2016 年第 5 期。

249. 李正璨：《〈各省審判廳判牘〉中的判詞評析》，載朱勇主編：《中華法系》（第七卷），法律出版社，2016 年版。

250. 梁弘孟：《從「父母之命」到「兩情相悅」——論民初法制發展中男女結婚意思對婚姻締結之影響》，《政大法學評論》（臺）2016 年第 146 期。

251. 劉猛：《作為法學家的王世杰——學術與思想》，《法制史研究》（臺）2016 年第 29 輯。

252. 劉萍：《戰後美軍在華處置戰犯問題初探》，《民國檔案》2016 年第 3 期。

253. 龍國仁：《試論 1933～1937 年伊犁土地糾紛原因及解決機制》，《新疆大學學報》2016 年第 3 期。

254. 婁敏、曹樹基：《產權之分化與制約：私人破產案的審理及〈破產律〉的實踐——以民國初年江津債務類司法檔案為中心》，《中國社會經濟史研究》2016 年第 3 期。

255. 羅金壽、余洋民：《國時期的調解體系及運作》，《江西師範大學學報》2016 年第 2 期。

256. 馬德坤：《民國時期工商業組織糾紛及其解決——以同業公會為考察中心》，《蘭州學刊》2016 年第 7 期。

257. 馬寧：《民國中後期縣域社會商業紛爭研究——以粵西陽江縣商鋪租賃糾紛案為例》，《社會科學論壇》2016 年第 4 期。

258. 馬青連：《民國時期醫患糾紛解決機制研究》，《廣東社會科學》2016 年第 2 期。

259. 明成滿：《民國佛教的監獄教誨研究》，《宗教學研究》2016 年第 2 期。

260. 聶鑫：《從考試機關到人事機關　民國考試院的理念與現實》，《中外法學》2016 年第 3 期。

261. 聶鑫：《民國時期公務員懲戒委員會體制研究》，《法學研究》2016 年第 3 期。

262. 尚小明：《洪述祖——「刺宋案」唯一主謀》，《史學集刊》2016 年第 1 期。

263. 尚小明：《疑心生暗鬼——趙秉鈞如何被「誤」為宋案主謀》，《近代史研究》2016 年第 2 期。

264. 宋雪：《刑事案件的新聞追蹤與文化觀察——以民初北京陳繩被害案為例》，載李在全執行主編：《近代中國的法律與政治》，社會科學文獻出版社，2016 年版。

265. 蘇潔：《抗戰大後方司法改革的價值取向及其實現——以西康省為視角的考察》，《湖北社會科學》2016 年第 8 期。

266. 孫岩：《從習慣重述到法律規範——民國同業公會法的歷史變遷》，《蘇州大學學報（法學版）》2016 年第 3 期。

267. 孫祐海：《北洋法學與中國法學教育史上的地位與作用》，載中華司法研究會編：《中華司法的歷史、現狀與未來：首屆中華司法研究高峰論壇文集》，人民法院出版社，2016 年版。

268. 孫宗龍：《論民國時期女性財產繼承權與司法實踐——以江北縣地方法院訴訟檔案為根據》，載馮玉軍主編：《朝陽法律評論》第 12 輯，浙江人民出版社，2016 年版。

269. 田東奎：《民國水權習慣法及其實踐》，《政法論壇》2016 年第 6 期。

270. 汪強：《朝陽大學建校史事鉤沉》，載高鴻鈞主編：《中國比較法學‧比較法治文化：2015 年卷》，中國政法大學出版社，2016 年版。

271. 汪強：《論大陸式法學教育模式下的朝陽大學羅馬法教育》，《學術界》2016 年第 6 期。

272. 王紅曼：《北洋政府時期的金融立法與金融發展》，載陳金釗主編：《華政社科研究》（第一輯），法律出版社，2016 年版。

273. 王紅曼：《北洋政府時期的金融立法與金融發展》，載陳金釗主編：《華政社科研究》（第一輯），法律出版社，2016 年版。

274. 吳永生：《民國警察的社會教化功能》，《學海》2016 年第 6 期。

275. 吳治繁：《南京國民政府的邊地戰時金融及其法律規制——以西康省為例》，《貴州社會科學》2016 年第 11 期。

276. 謝志民：《南京國民政府時期縣司法處職員薪酬考——以檔案資料為中心》，《江西師範大學學報》2016 年第 2 期。

277. 徐愛國：《尋找「新文化運動」在百年法治中的印記》，《清華法學》2016 年第 2 期。

278. 徐持：《東京審判管轄權的理論疏解與當代意義》2016 年第 12 期。

279. 徐進：《論民國時期行政裁量的司法審查——以國民政府行政法院判決

為中心》，《北京理工大學學報》2016 年第 1 期。

280. 嚴海建：《通向戰後審判之路：盟國對二戰戰罪懲處擬議述論》，《南京社會科學》2016 年第 2 期。

281. 楊揣：《北京大學法學共同體之建構與進展》，載李在全執行主編：《近代中國的法律與政治》，社會科學文獻出版社，2016 年版。

282. 楊慶武：《民國時期上海女監人犯死亡問題述略》，《歷史教學（下半月刊）》2016 年第 8 期。

283. 楊蓉：《論 1946 年政協會議中第三方力量的憲制主張與實踐》，《法學評論》2016 年第 2 期。

284. 楊天宏：《法政糾結：「羅文幹案」的告訴與檢審》，《近代史研究》2016 年第 5 期。

285. 楊天宏：《罪與非罪：「羅文幹案」的審斷與案情原委》，《近代史研究》2016 年第 6 期。

286. 楊田華、田蕾：《民國時期四川省製鹽業同業公會初探——以新〈鹽法〉為中心》，《鹽業史研究》2016 年第 3 期。

287. 姚尚賢：《國家統一中的司法——以東北易幟前後之司法統一為例》，載強世功主編：《政治與法律評論》第 6 輯，法律出版社，2016 年版。

288. 銀品：《從覆判案件看北京政府時期基層司法的狀況與特徵：以江蘇為例》，《歷史教學》2016 年第 10 期。

289. 喻中：《梁啟超與中國現代法學的興起》，《政法論壇》2016 年第 4 期。

290. 詹林：《警權統一與派系政爭——南京國民政府時期警察總監「立」與「廢」的背後》，《歷史教學》2016 年第 10 期。

291. 張蓓蓓：《反抗虐待還是另尋生計？——20 世紀 40 年代初北平女性「受虐」離婚案探析》，《暨南學報》2016 年第 4 期。

292. 張海榮：《北洋初期司法界與湖北軍政當局的矛盾與抗爭——以劉豫瑤案為例》，《北京社會科學》2016 年第 8 期。

293. 張生：《〈比較破產法〉與吳傳頤先生的綜合比較法學》，張生主編：《中國法律近代化論集（第三卷）》，中國政法大學出版社，2016 年版。

294. 張生：《王寵惠與中國近代法律改革——一個知識社會學的分析》，張生主編：《中國法律近代化論集（第三卷）》，中國政法大學出版社，2016 年版。

295. 張淑娟：《「無有力之反證」與「發現真相」——試析民國時期北京地方法院與最高法院的審判理念衝突》，《民國檔案》2016 年第 3 期。

296. 張堯：《吳經熊法學研究的哲學心路探析》，載李振宇主編：《邊緣法學論壇》，江西人民出版社，2016 年版。

297. 趙曉耕：《從司法統計看民國法制》，《武漢大學學報》2016 年第 3 期。

298. 趙心：《論東京審判對「侵略罪」管轄權的合法性問題——駁「帕爾意見書」的相關論點》，《理論月刊》2016 年第 4 期。

299. 周睿志：《追求保守與變革的平衡——武昌起義期間梁啟超的立憲努力》，《政法論壇》2016 年第 2 期。

300. 朱志峰：《民國時期法學人才培養檢視》，《社會科學戰線》2016 年第 2 期。

301. 鄒亞莎：《黃右昌典權思想之撥正——以近代民法學的繼受為背景》，張生主編：《中國法律近代化論集（第三卷）》，中國政法大學出版社，2016 年版。

302. （美）蔡駿治：《法律、主權與中國沿海的緝私之戰（1928～1937）》，楊昂譯，載周東平、朱騰主編：《法律史譯評（第五卷）》，中西書局，2017 年版。

303. （美）卡塞爾（Par Cassel）著、翟曉強譯、于明、方強校：《發掘治外法權——作為上海會審公廨之原型的理事同知》，載華東政法大學法律史研究中心編：《法律史研究》第 5 輯（歐美學者研究中國法律史論文選譯專號），法律出版社，2017 年版。

304. （日）保茉莉子：《南京國民政府時期における刑事訴訟法改正と自訴制度久》，（日本法制史學會）《法制史研究》第 66 期。

305. （日）久保茉莉子：《1930 年代前半期中國的檢察制度》，周東平、陳進立譯，載周東平、朱騰主編：《法律史譯評（第五卷）》，中西書局，2017 年版。

306. （日）久保茉莉子：《南京國民政府時期的上海刑事裁判——以殺人案件為中心》，余夢凝譯、楊琴校譯，載周東平、朱騰主編：《法律史譯評（第四卷）》，中西書局，2017 年版。

307. 蔡永明：《晚清報刊與近代法律觀念的傳播》，《編輯之友》2017 年第 6 期。

308. 陳範宏：《民國憲制設計的龐德方案：安全與自由的衡平》，《比較法研究》2017 年第 2 期。

309. 陳斐：《南京國民政府時期行政法院稅捐類判決研究》，載王繼軍主編：《三晉法學》（第十一輯），中國法制出版社，2017 年版。

310. 陳宏亮、蘭日旭：《民國時期縣銀行發展及績效探析——基於〈縣銀行法〉的考察》，《史學月刊》2017 年第 10 期。

311. 陳嶺：《民國前期江南水利紛爭與地方政治運作——以蘇浙太湖水利工程局為中心》，《中國農史》2017 年第 6 期。

312. 陳尚龍：《南京國民政府時期訴願制度研究》，載朱勇主編：《中華法系》第九卷，中國政法大學 2017 年版。

313. 陳頤：《〈法律大辭典〉編纂所見 20 世紀 30 年代前期法律界的交往》，載饒傳平主編：《近代法律史研究（第 2 輯）：近代法律人的世界》，社會科學文獻出版社，2017 年版。

314. 陳長寧：《民國法制改革中保安處分的移植與實踐——以基層司法中的禁戒處分為側重》，載張仁善主編：《南京大學法律評論》（2017 年春季卷），法律出版社，2017 年版。

315. 程波：《中國法學的「近代預兆」與「挫折」——以吳經熊生活實態為視角》，載程波主編：《湘江法律評論》第 14 卷，湘潭大學出版社，2017 年版。

316. 丁敏：《南京國民政府時期犯罪少年處遇體系的榮與殤：本體檢視、顯像特徵和原因研析》，《青少年犯罪問題》2017 年第 5 期。

317. 杜正貞：《從「契照」到土地所有權狀——以龍泉司法檔案為中心的研究》，《中國經濟史研究》2017 年第 3 期。

318. 杜正貞：《晚清民國山林所有權的獲得與證明——浙江龍泉縣與建德縣的比較研究》，《近代史研究》2017 年第 4 期。

319. 段銳：《警察行政與南京城市社會管理述論：1945～1948》，《江西社會科學》2017 年第 8 期。

320. 馮建勇：《1916 年外蒙古議員資格問題之爭》，載趙國輝主編：《交涉中的「西法東漸」學術研討會論文集》，中國政法大學出版社，2017 年版。

321. 付海晏：《上海靜安寺「漢奸和尚案」研究》，《近代史研究》2017 年第 1 期。

322. 龔先砦：《論民國監犯移墾制度的實施及其借鑒意義》，《蘭州學刊》2017年第 8 期。

323. 郭淇斌：《自治抑或協防：上海工部局治理綁架犯罪的困境（1927～1931）》，《史林》2017 年第 6 期。

324. 郭相宏：《法律移植與制度慣性的衝突：以國民政府監察院之彈劾權為例》，《山東科技大學學報》2017 年第 3 期。

325. 韓偉：《從「朝陽」到延安：法學家陳瑾昆的人生轉折》，載饒傳平主編：《近代法律史研究（第 2 輯）：近代法律人的世界》，社會科學文獻出版社，2017 年版。

326. 何瑞鏵：《民國時期政府審計法律問題研究》，《中國經濟史研究》2017年第 2 期。

327. 何志明：《國民黨黨務監察工作及其實施困境（1927～1937）》，載《民國研究》2017 年春季號總第 31 輯，社會科學文獻出版社，2017 年版。

328. 何舟宇：《從對抗到融合：日據時期臺灣法律的近代化》，載張生主編：《中國法律近代化論集》（第 4 卷），中國政法大學出版社，2017 年版。

329. 洪博、李剛：《民初援用清末法律探析》，《陝西理工大學學報》2017 年第 4 期。

330. 侯欣一：《民國時期法院民事調解制度實施狀況實證研究》，《華東政法大學學報》2017 年第 5 期。

331. 侯怡寧：《民國初期山西村治中的村禁約》，載王繼軍主編：《三晉法學（第十二輯）》，中國法制出版社，2017 年版。

332. 侯中軍：《中日「二十一條」交涉中的靠前法問題》，載趙國輝主編：《交涉中的「西法東漸」學術研討會論文集》，中國政法大學出版社，2017 年版。

333. 胡文宇：《試論戰後日本金融商品交易法適用對象的發展變化》，載朱勇主編：《中華法系》（第十卷），法律出版社，2017 年版。

334. 黃東：《論孫科的制憲活動與政爭策略之關係（1931～1933）》，載張生主編：《中國法律近代化論集》（第 4 卷），中國政法大學出版社，2017 年版。

335. 江照信：《司法民族主義（1922～1931）：司法的政治參與、進程與意義》，《清華法學》2017 年第 1 期。

336. 姜增：《民國法律學生生活圖景——「南京審判」大法官葛召棠在上海法政學院（1929～1932）》，載饒傳平主編：《近代法律史研究（第 2 輯）：近代法律人的世界》，社會科學文獻出版社，2017 年版。

337. 蔣傑：《戰時上海的財產犯罪：失業、通貨膨脹與飢餓（1937～1942）》，《安徽史學》2017 年第 5 期。

338. 荊月新：《禮法觀念在民國鄉村自治立法中的回歸》，載沈歸、彭林、丁鼎主編：《傳統禮治與當代軟法》，北京大學出版社，2017 年版。

339. 李超：《法官的選任與裁汰：民初司法權威的路徑選擇及其影響》，載張生主編：《中國法律近代化論集》（第 4 卷），中國政法大學出版社，2017 年版。

340. 李超：《憲法顧問有賀長雄赴任前的「中國淵源」》，《新餘學院學報》2017 年第 3 期。

341. 李少婷：《法治思維和價值判斷——在法律適用中形成價值最大公約數》，載朱勇主編：《中華法系》（第十卷），法律出版社，2017 年版。

342. 李松傑、李興華：《民國時期財產糾紛中的鄉情、公益與私利——以景德鎮太平同仁局公產糾紛為個案》，《江西社會科學》2017 年第 3 期。

343. 李廷江：《民國初期的日本人顧問——袁世凱與法律顧問有賀長雄》，載趙國輝主編：《交涉中的「西法東漸」學術研討會論文集》，中國政法大學出版社，2017 年版。

344. 李文軍：《日本社會法學在民國的傳播和「本土闡釋」——以岡村司、牧野英一著述為中心

345. 李相森：《論民國統一解釋法令制度及其歷史啟示》，載張仁善主編：《南京大學法律評論》（2017 年春季卷），法律出版社，2017 年版。

346. 李相森：《論南京國民政府時期的行政解釋制度》，載吳玉章主編：《中國法律史研究》（2017 年卷），社會科學文獻出版社，2017 年版。

347. 李在全：《「斷不可使法界亦捲入政治風潮」——1920 年代前期中國的司法生態》，《福建論壇》2017 年第 9 期。

348. 李在全：《民國北京政府時期法律界的交遊網絡與職業意識——以余紹宋為中心》，《史林》2017 年第 6 期。

349. 李在全：《民國初年司法官群體的分流與重組——兼論辛亥鼎革後的人事嬗變》，載饒傳平主編：《近代法律史研究（第 2 輯）：近代法律人的世

界》，社會科學文獻出版社，2017 年版。

350. 李在全：《民國初年司法官群體的分流與重組——兼論辛亥鼎革後的人
事嬗變》，載張生主編：《中國法律近代化論集》（第 4 卷），中國政法大
學出版社，2017 年版。

351. 李自典：《警察與近代城市公共衛生管理——以北京為例》，載張利民主
編：《城市史研究》第 37 輯，社會科學文獻出版社，2017 年版。

352. 劉丹忱：《孫中山「五權憲法」理論對中國法治近代化的貢獻》，載趙國
輝主編：《交涉中的「西法東漸」學術研討會論文集》，中國政法大學出
版社，2017 年版。

353. 劉海波：《從形式到合意：民初田宅買賣契約法的歷史嬗變》，《新疆大學
學報》2017 年第 1 期。

354. 劉楷悅：《法外開恩：鄭繼成刺殺張宗昌案中的情理、法律與政治》，載
里贊主編：《法律史評論》（第 9 卷），法律出版社，2017 年版。

355. 柳德軍：《民國保甲訴訟中的「罪名」與「罪行」——以甘肅保甲訟案為
中心》，《甘肅社會科學》2017 年第 4 期。

356. 婁貴品：《論吳經熊〈中華民國憲法草案初稿試擬稿〉「民族」編的內容》，
《西南民族大學學報》2017 年第 11 期。

357. 馬建紅：《民初民事習慣調查的勃興與民間規範的式微》，載里贊主編：
《法律史評論》（第 9 卷），法律出版社，2017 年版。

358. 牛傑：《民國後期妨害投票罪及其刑事追訴程序研究——基於地方選舉
訴訟檔案的考察》，《求索》2017 年第 8 期。

359. 牛傑：《民國後期國統區選舉訴訟程序研究》，載里贊主編：《法律史評
論》（第 9 卷），法律出版社，2017 年版。

360. 牛傑：《民國後期國統區選舉訴訟制度研究》，載張生主編：《中國法律近
代化論集》（第 4 卷），中國政法大學出版社，2017 年版。

361. 牛錦紅：《媒體、司法與政治的博弈：以「李公樸、聞一多案」為視角》，
載吳玉章主編：《中國法律史研究》（2017 年卷），社會科學文獻出版社，
2017 年版。

362. 潘超正：《南京國民政府時期的法庭調解：制度與實踐——基於龍泉司法
檔案的考察》，《政法論壇》2017 年第 4 期。

363. 彭博：《民國時期醫師刑事犯罪之釐清：以醫師業務過程失行為例》，《醫

學與法學》2017 年第 5 期。

364. 彭雪芹：《辛亥前後省級警務機構的設立與變遷》，《湖北警官學院學報》2017 年第 1 期。

365. 齊盛：《政治、輿論與司法的衝突：以民間施劍翹案為例》，《棗莊學院學報》2017 年第 3 期。

366. 邱少暉、張祥穩：《民國時期信用合作立法遏止農村高利貸問題研究》，《中國農史》2017 年第 3 期。

367. 曲曉範：《民國吉敦鐵路工程腐敗案形成和被查過程研究》，《社會科學輯刊》2017 年第 4 期。

368. 任曉蘭、司宇翔：《論民國時期〈公庫法〉的立法與實施》，載里贊主編：《法律史評論》（第 9 卷），法律出版社，2017 年版。

369. 沈偉：《民國律師的養成與律師制度的侷限：以 1930 年代的上海為例》，《北方法學》2017 年第 4 期。

370. 沈偉：《民國律師的養成與律師制度的侷限——以 1930 年代的上海為例》，《北方法學》2017 年第 4 期。

371. 史洪智：《日本法學博士堀江歸一訪華演講及其中國影響》，《河南大學學報》2017 年第 5 期。

372. 宋振凌：《南京國民政府「廢兩改元」的幣值因素——從法文化視角的考察》，《貴州社會科學》2017 年第 4 期。

373. 孫慧娟：《民國初期大理院撤銷下級法院的民事案件現象分析——以大理院承繼判決為例》，載陳景良、鄭祝君主編：《中西法律傳統（第 13 卷）》，中國政法大學出版社，2017 年版。

374. 唐仕春：《北洋時期基層訴訟的規模、效率及結案方式》，載付海晏、徐劍主編：《大數據與中國歷史研究》第 1 輯，社科文獻出版社，2017 年版。

375. 唐一力：《婦女參政比例制正當性之法理基礎》，載朱勇主編：《中華法系》（第十卷），法律出版社，2017 年版。

376. 田振洪：《南京國民政府前期福建小學教育立法及其實施》，《福建師範大學學報》2017 年第 5 期。

377. 王靜：《「合作下的反抗」：淪陷時期天津律師的生存環境與策略》，載張利民主編：《城市史研究》第 37 輯，社會科學文獻出版社，2017 年版。

378. 王立民：《辛亥革命時期上海華界現代法制論析》，《法治現代化研究》2017 年第 1 期。

379. 王小丹：《民國廟產所有權認定的依據——以江蘇地方法院判決書為中心》，載張仁善主編：《南京大學法律評論》（2016 年秋季卷），法律出版社，2017 年版。

380. 王豔勤：《抗戰後方的區域社會：戰時鄂西南民族地區的財產法秩序（1940～1945）》，《中南民族大學學報》2017 年第 6 期。

381. 王有糧：《民國縣域刑事審判的「模糊」面相：從事實與規則說起》，《甘肅社會科學》2017 年第 4 期。

382. 魏文享：《貪污懲治、稅政革新與派系權爭——抗戰勝利前後直接稅署長高秉坊貪污案解析》，《史學月刊》2017 年第 7 期。

383. 吳歡：《融貫中西：民初行政審判中的規則適用——以〈平政院裁決錄存〉為中心的考察》，《法商研究》2017 年第 4 期。

384. 吳燕、黃梅、鍾瑾：《抗戰建國中的地方司法改革》，《電子科技大學學報》2017 年第 5 期。

385. 謝冬慧：《民國時期行政審判機構之變遷》，《黑龍江社會科學》2017 年第 2 期。

386. 謝冬慧：《民國刑法的修正與完善之考析》，《刑法論叢論》2017 年第 4 期。

387. 謝冬慧：《西方法律平等理念及其對民國時期的影響》，《哈爾濱工業大學學報》2017 年第 2 期。

388. 謝健：《南京國民政府時期基層調解委員會述論》，《人文雜誌》2017 年第 12 期。

389. 薛夷風：《論中國近代「周歲」計齡方式的法律意義》，載張仁善主編：《南京大學法律評論》（2017 年春季卷），法律出版社，2017 年版。

390. 閆恒：《論以考試權為樞機的五權憲法》，《山東科技大學學報》2017 年第 3 期。

391. 嚴海建：《國民政府與日本乙丙級戰犯審判》，《近代史研究》2017 年第 1 期。

392. 楊敏：《1931～1937 年民國四川基層女性研究——以民國榮縣檔案為例》，《蘭州學刊》2017 年第 3 期。

393. 楊天宏：《了猶未了：法政糾結下「羅文乾案」的庭審結局》，《近代史研究》2017 年第 1 期。

394. 楊志芳：《民國時期昆明手工業界的契約規範與秩序：以雲南省博物館館藏昆明師約文書為中心的研究》，《黑龍江省政法管理幹部學院學報》2017 年第 3 期。

395. 楊志芳：《民國時期昆明投師文約研究：以雲南省博物館館藏昆明投師文約為中心》，《雲南警官學院學報》2017 年第 3 期。

396. 葉青：《日據時期「六三法」撤廢運動與臺灣知識分子民族聯合陣線形成》，《東南學術》2017 年第 4 期。

397. 元青、陳豔：《民國時期留美生中國法律問題研究的海外影響——以留美生博士論文為中心的考察》，《安徽史學》2017 年第 4 期。

398. 袁哲：《法科留學生與上海律師制度構建》，載饒傳平主編：《近代法律史研究（第 2 輯）：近代法律人的世界》，社會科學文獻出版社，2017 年版。

399. 翟家駿、楊同宇：《民初刑事特別條款的刪除與復原——〈暫行新刑律補充條例〉研究》，載朱勇主編：《中華法系》（第十卷），法律出版社，2017 年版。

400. 詹林：《南京國民政府時期的警員制》，《中國人民公安大學學報》2017 年第 2 期。

401. 張惠彬：《從工具到財產：商標觀念的歷史變遷》，載李雨峰主編：《西南知識產權評論》（第 7 輯），知識產權出版社，2017 年版。

402. 張生：《民國時期的判例制度及其借鑒意義》，載王繼軍主編：《三晉法學》（第十一輯），中國法制出版社，2017 年版。

403. 張田田：《民國〈越風〉雜誌「二陵談薈」專欄所見近代法政史料（一）》，載霍存福主編：《法律文化論叢》（第 7 輯），知識產權出版社，2017 年版。

404. 趙玲燕：《日本的「尷尬」——論日本在南京國民政府撤廢治外法權過程中的微妙處境》，載趙國輝主編：《交涉中的「西法東漸」學術研討會論文集》，中國政法大學出版社，2017 年版。

405. 鄭成林、董志鵬：《民初工商同業公會規則的制定與修訂》，《華中師範大學學報》2017 年第 2 期。

406. 鄭金鵬：《1923 年〈中華民國憲法〉制定中的省制之爭》，載陳煜主編：《新路集（第六集）——第六屆張晉藩法律史學基金會徵文大賽獲獎作品集》，中國政法大學出版社，2017 年版。

407. 鄭全紅：《民初女子財產繼承權的變遷——以大理院判例為中心的考察》，《社會科學輯刊》2017 年第 1 期。

408. 鄭雲豔：《中西碰撞：民國時期中國傳統法律史研究之興起》，載趙國輝主編：《交涉中的「西法東漸」學術研討會論文集》，中國政法大學出版社，2017 年版。

409. 周聰：《民初榮縣商事公斷的制度與踐行：兼與蘇滬等都會區比較》，《蘭州學刊》2017 年第 3 期。

410. 周子良、方美娜：《民國山西禁毒委員會法律實踐問題研究》，載王繼軍主編：《三晉法學（第十二輯）》，中國法制出版社，2018 年版。

411. 周子良：《民初山西村自治機關運行的法制化》，《山西大學學報》2017 年第 3 期。

412. 朱東北：《從國家制度到社會規範：1929 年工會立法與實施研究》，《山東工會論壇》2017 年第 2 期。

413. 朱海城：《移植與變異：民國證券交易所法的演進（1912～1937）》，《社會科學》2017 年第 9 期。

414. 朱俊：《宋育仁「教權」議院考論》，載里贊主編：《法律史評論》（第 9 卷），法律出版社，2017 年版。

415. 朱梅光、邵萍英：《法入民間：30 年代變法新嘗試：以 1935 年全國司法會為中心》，《齊齊哈爾大學學報》2017 年第 10 期。

416. 蔡曉榮：《民國時期社會法理論溯源》，《清華法學》2018 年第 3 期。

417. 曾桂林：《南京國民政府〈監督慈善團體法〉述評》，《史學月刊》2018 年第 2 期。

418. 曾業英：《蔡鍔一篇鮮為人知的軼文及其價值——《〈中華民國憲法史案〉總序》作者辨》，《社會科學輯刊》2018 年第 2 期。

419. 陳霓珊：《民國民事立法中的「保守」與「激進」——基於愛斯嘉拉本土化立法方案的考察》，《近代史研究》2018 年第 3 期。

420. 陳雲朝：《民法典編纂視野下的民事習慣——以民國歙縣的「一田兩主」習慣為中心》，《華中科技大學學報》2018 年第 5 期。

421. 胡玉鴻：《民國時期法律學者「法理」觀管窺》，《法制與社會發展》2018
　　　年第 5 期。

422. 李嚴成：《「上海律師甚多敗類」：從一起名譽糾紛看民國律師形象》，《近
　　　代史研究》2018 年第 1 期。

423. 劉盈皎：《從禮教束縛到自由平等——中國傳統婚姻制度的近代化變革
　　　（1911～1930）》，《政法論壇》2018 年第 4 期。

424. 婁貴品：《民族主義與民國制憲：「各民族一律平等」入憲續論——從政
　　　治協商會議到制憲國大的考察》，《社會科學戰線》2018 年第 1 期。

425. 婁敏：《信用、風險與土地市場：民國時期押租制度再研究——以江津
　　　縣債務類司法檔案為核心》，《史林》2018 年第 2 期。

426. 馬飛：《「約法之爭」事件再探討》，《歷史教學問題》2018 年第 5 期。

427. 聶鑫：《民初選舉訴訟中的「法官造法」》，《中外法學》2018 年第 3 期。

428. 宋智敏：《行政判例與近代行政訴訟制度的發展——以民國行政法院的
　　　判例為中心》，《行政法學研究》2018 年第 1 期。

429. 汪強：《東吳大學法學院的羅馬法教育》，《蘇州大學學報（法學版）》
　　　2018 年第 3 期。

430. 王小丹：《民國會計師「跨界」商標法律業務的原因及影響》，《雲南社會
　　　科學》2018 年第 5 期。

431. 吳歡：《論民初平政院的治理權能與角色》，《江蘇社會科學》2018 年第
　　　4 期。

432. 吳歡：《憲法宣誓的機制原理及其完善——法人類學與憲法史學的視
　　　角》，《東南大學學報》2018 年第 2 期。

433. 吳燕、張汝、許良：《民國婦女婚姻變革中的家庭財產觀——基於民國婚
　　　姻訟案的考察》，《四川師範大學學報》2018 年第 4 期。

434. 姚尚賢：《司法改革的組織競爭與利益博弈——國家轉型中的 1947 年司
　　　法行政檢討會議》，《上海交通大學學報》2018 年第 4 期。

435. 姚澍：《民事習慣在民國司法實踐中的運用及其啟示——以風水習慣為
　　　例》，《北京理工大學學報》2018 年第 3 期。

436. 銀品：《從「曹赤烽案」看北京政府時期地方司法實踐困境》，《史學月
　　　刊》2018 年第 2 期。

437. 尹新華：《戰爭法公約與民初北京政府的參戰之路》，《安徽史學》2018

年第 1 期。

438. 張鑌：《論法律實施中的地方因素及其調適——以民國〈黨員背誓罪條例〉為例》，《南京師大學報》2018 年第 5 期。

439. 周睿志：《民情與現代政制——「臨時約法」場域中的孫中山與宋教仁》，《政法論壇》2018 年第 3 期。

440. 朱明哲：《從民國時期判例造法之爭看法典化時代的法律場》，《政治與法律》2018 年第 11 期。

441. （日）久保茉莉子著，海丹譯：《南京國民政府時期的刑事上訴制度》，載周東平、朱騰主編：《法律史譯評》（第七卷），中西書局，2019 年版。

442. 白雪峰：《論交易習慣、條理在民初民事代理事實認定中的作用——以大理院民國三年上字第 182 號貨款糾紛案為例》，《法律適用》2019 年第 14 期。

443. 崔雅瓊：《上海法租界第二特區法院殺人案探析——以上海檔案館館藏的 1933 年度至 1935 年度殺人案檔案為例》，載華東政法大學法律史研究中心編：《法律史研究》第 6 輯，法律出版社，2019 年版。

444. 丁菁：《民國時期寺廟管理法規剖析》，《社會科學戰線》2019 年第 2 期。

445. 董志鵬：《南京國民政府成立初期「人民團體」法制理念的形成》，載里贊主編：《法律史評論》（2019 年第 2 卷），社會科學文獻出版社，2019 年版。

446. 杜俊奇：《南京國民政府時期監察使群體結構史考》，載朱勇主編：《中華法系》（第十二卷），法律出版社，2019 年版。

447. 龔志偉：《偽證與真相：東京審判被告南次郎的「華北事變」證詞與侵略罪責辨析》，《史林》2019 年第 1 期。

448. 胡曉進：《商務印書館與美國憲法在中國大陸之翻譯及傳播》，《政法論壇》2019 年第 2 期。

449. 景風華：《新舊之間：民國時期的家長懲戒權與送懲權》，《開放時代》2019 年第 2 期。

450. 孔慶江、吳盈盈：《1945～1949 年國民黨政府與南海有關行為的國際法意義》，《學術界》2019 年第 2 期。

451. 李浩：《因勢而擬：法制局與民元省制草案》，《歷史檔案》2019 年第 4 期。

452. 李菁笛：《曲折衷的反思：民國時期縣知事兼理司法制度再審視》，《鄭州大學學報》2019 年第 3 期。

453. 李先明：《孔廟「廟產興學」與文化權力的轉移——1928～1932 年河北省長垣縣孔廟祭田糾葛案透視》，《近代史研究》2019 年第 2 期。

454. 李曉婧：《安徽高等法學教育之源頭——以民國時期省立安徽大學為考察視角》，載里贊主編：《法律史評論》（2019 年第 2 卷），社會科學文獻出版社，2019 年版。

455. 李在全：《抗戰時期的戰區檢察官——以國民黨特務人員從事司法工作為中心》，《抗日戰爭研究》2019 年第 1 期。

456. 劉成虎、李卓、高宇：《試論國民政府軍法禁煙與鴉片運銷管理》，《中國社會經濟史研究》2019 年第 2 期。

457. 彭曉飛：《1931 年上海盛氏愚齋義莊解散案研究》，《近代史研究》2019 年第 2 期。

458. 王瑞超：《當性別成為禁忌——民國時期上海女律師的執業處境》，《蘇州大學學報（法學版）》2019 年第 3 期。

459. 王瑞超：《民國上海女律師史料》，載華東政法大學法律史研究中心編：《法律史研究》第 6 輯，法律出版社，2019 年版。

460. 王禕茗：《施劍翹案中的公眾同情和司法考慮》，《法律適用》2019 年第 18 期。

461. 吳歡：《民初行政審判實踐中的「民告官」底色——以〈平政院裁決錄存〉為素材的考察》，《北方法學》2019 年第 1 期。

462. 謝舒曄：《從仿行西法到參照傳統：北洋時期「行政兼理司法制度」的現實依歸》，《江蘇社會科學》2019 年第 5 期。

463. 徐斌：《圍墾活動中的水域產權糾紛與宗族、跨宗族聯合——以民國時期湖北樊湖水域為例》，《近代史研究》2019 年第 4 期。

464. 楊慶武：《上帝遇見女犯：民國時期宗教與上海女監互動關係的微觀考察》，《歷史教學問題》2019 年第 1 期。

465. 姚澍：《湖南墳山案件選編（上）》，載華東政法大學法律史研究中心編：《法律史研究》第 6 輯，法律出版社，2019 年版。

466. 原喜澤：《試論 1917～1918 年山西的警政改革》，《北京師範大學學報》2019 年第 2 期。

467. 張同樂：《偽華北政務委員會禁煙法規論析》，《安徽史學》2019 年第 6 期。

468. 趙珊：《塑造與運作：天津商會解紛機制的半正式實踐》，《開放時代》2019 年第 2 期。

469. 鄭秀娟、李長莉：《民國時期城市寺廟管理及其困境——以北平社會局對安化寺糾紛的監管為例》，《河北學刊》2019 年第 1 期。

470. 朱海城：《法制與人情的博弈：上海證券物品交易所成立始末》，《廣東社會科學》2019 年第 1 期。

471. 艾晶：《北洋政府時期國家法律對女性犯罪的懲治研究》，《法律史評論》2020 年第 1 期。

472. 柴榮、李浩：《民初土地產權行政審判中民俗習慣的認定與適用——以「營產處沒收私產一案」判詞為引子》，《法律適用》2020 年第 6 期。

473. 柴松霞：《〈欽定憲法大綱〉模仿〈明治憲法〉的成效分析》，何勤華主編：《外國法制史研究》（第 22 卷），法律出版社，2020 年版。

474. 陳飛：《「無名」秀才們——重審「哭廟案」之四》，《讀書》2020 年第 6 期。

475. 崔雅瓊：《上海法租界特區法院殺人案探析——以上海檔案館館藏的 1933 年度至 1935 年度殺人案檔案為例》，載陳靈海主編：《法律史研究》（第 6 輯），法律出版社，2020 年版。

476. 鄧建鵬、靳毅文：《北洋政府時期預算權的憲法配置》，載鄧建鵬主編：《法制的歷史維度》，法律出版社，2020 年版。

477. 丁天立、張仁善：《國民政府「訓政」時期立法院的制度設計、運行和定位》，《甘肅社會科學》2020 年第 3 期。

478. 樊英傑：《新縣制下的榮縣區劃改革研究——兼論地方法制史研究的意義》，劉昕杰主編：《四川大學法律評論》（第 19 卷），法律出版社，2020 年版。

479. 馮建娜、餘地：《「五四運動」對民間規範治理影響研究》，《民間法》2019 年第 1 期。

480. 馮學偉：《民國初年閩清李湯氏、江立門等為欠租奪佃、互搶田穀訟案抄本》，《法律史評論》2020 年第 1 期。

481. 高媛：《張君勱譯〈魏瑪憲法〉拾遺》，何勤華主編：《外國法制史研究》

（第 22 卷），法律出版社，2020 年版。

482. 耿密：《民國時期重構「中華法系」思潮研究回顧與展望》，《法律史評論》2020 年第 1 期。

483. 龔汝富、余洋：《透過民國時期的法官與律師看司法腐敗的生成——以江西地區為例》，《法學論壇》2020 年第 2 期。

484. 韓策：《派系分合與民初司法界的改造》，《歷史研究》2020 年第 1 期。

485. 侯欣一：《女律師史良》，《中國法律評論》2020 年第 3 期。

486. 胡興東、唐國昌：《民國時期雲南基層司法建設研究——以 10 個縣志為中心》，《雲南師範大學學報》2020 年第 3 期。

487. 胡譯之：《平政院編制立法考論》，《清華法學》2020 年第 4 期。

488. 黃阿明：《新法制與舊禮法：民國十一年吳湖帆繼嗣身份確認案研究》，《上海交通大學學報（哲學社會科學版）》2020 年第 6 期。

489. 江照信：《司法民族主義（1922～1931）：司法的政治參與、進程與意義》，徐顯明主編：《山大法學集萃：山東大學法學學科復辦 40 週年紀念文集》，法律出版社，2020 年版。

490. 姜增：《近代司法官的人際網絡觀及實踐——以沈錫慶為線索的考察》，《華東政法大學學報》2020 年第 6 期。

491. 景風華：《家事案件處理的近代經驗——以民國時期的親權實踐為中心》，《法律和社會科學》2019 年第 1 期。

492. 賴駿楠：《楊度第二次留學日本就讀學校考（1903～1907）》，《法律史評論》2020 年第 2 期。

493. 李風華：《南京國民政府江蘇監所押犯超員及其應對（1927～1937）》，《史學月刊》2020 年第 3 期。

494. 李家濤：《北洋政府收回郵政利權考察——以〈郵政條例〉編制進程為中心》，《上海經濟研究》2020 年第 1 期。

495. 李平：《論法定繼承順位的立法策略與實踐中的家文化堅守》，《法制與社會發展》2020 年第 1 期。

496. 李學智：《南京臨時參議院通過〈臨時約法〉日期辨》，《歷史教學（上半月刊）》2020 年第 3 期。

497. 李在全：《抗戰時期的戰區檢察官》，載鄧慶平主編：《多元視域下的近世法律與中國社會》，中國政法大學出版社，2020 年版。

498. 李在全：《抗戰時期的戰區檢察官——以國民黨特務人員從事司法工作為中心》，李在全、馬建標主編：《中華民國史青年論壇（第 2 輯）》，社科文獻出版社，2020 年版。

499. 李在全：《梁啟超與司法儲才館》，《歷史研究》2020 年第 5 期。

500. 劉寶真：《民國時期水上警察治安職能初探》，《暨南史學》2020 年第 1 期。

501. 劉昕杰：《法與時轉則治：陳啟天「新法家」思想析論》，《原道》2020 年第 1 期。

502. 劉昕杰：《後民法典時代的法律實踐：傳統民事制度的法典化類型與民國基層訴訟》，《四川大學學報（哲學社會科學版）》2020 年第 2 期。

503. 劉毅：《情義法交織的復仇案》，《讀書》2020 年第 9 期。

504. 劉舟祺：《「知新－溫故」：董康後期立法改革思想新論》，《近代史研究》2020 年第 4 期。

505. 呂迅：《論國民政府司法中的美國人刑案》，《社會科學研究》2020 年第 6 期。

506. 馬莉、何邦武：《證明程度在民國時期的學理演進及啟示》，《中南大學學報（社會科學版）》2020 年第 3 期。

507. 牛娜：《民國司法官考試制度考（1912～1949 年）》，載朱勇主編：《中華法系》（第十三卷），法律出版社，2020 年版。

508. 彭濤：《民初憲法會議的困境與破解嘗試（1916～1917）》，《史學月刊》2020 年第 4 期。

509. 芮駿宇：《20 世紀 30 年代廣東的法律教育——以中山大學法律系的課程和講義為例》，《法學教育研究》2020 年第 1 期。

510. 沈瑋瑋、寧凱惠：《論孫中山改造政府理論的方法、皈依與評價》，《法律史評論》2020 年第 2 期。

511. 孫車龍：《近代中意交流格局下的人物圖景——佛弼執禮的在華行跡與〈刑逼供論〉譯介》，《歷史教學（下半月刊）》2020 年第 1 期。

512. 孫康：《浙江大學法學院民國辦學史片記》，焦寶乾主編：《浙大法律評論》（2018 年卷），浙江大學出版社，2020 年版。

513. 談蕭：《欲分還集：近代中國商會法的規範詮釋》，《法律史評論》2020 年第 1 期。

514. 覃延佳、劉秋妍：《民國時期中越邊境對汛管理中的司法實踐及其困局——以麻栗坡對汛督辦檔案為中心的分析》，《貴州民族研究》2020 年第 4 期。

515. 王立民：《中國租界防控疫情立法與思考》，《法學雜誌》2020 年第 11 期。

516. 王有糧、劉子璿：《民國川省押租習慣的制度化及其地方實踐：以榮縣檔案為側重》，《西南民族大學學報（人文社科版）》2020 年第 9 期。

517. 王玉玲：《論「吳氏憲草」》，《現代法治研究》2020 年第 2 期。

518. 吳萇弘、陳立群：《吳經熊的法學翻譯實踐對當代中國法學外譯的啟示》，《上海翻譯》2020 年第 5 期。

519. 吳文浩：《跨國史視野下中國廢除治外法權的歷程（1919～1931）》，《近代史研究》2020 年第 4 期。

520. 吳錚強：《傳統與現代的互嵌：龍泉司法檔案民事狀詞敘述模式的演變（1908～1934）》，《史學月刊》2020 年第 12 期。

521. 吳錚強：《過度與互嵌：近代民事訴訟庭審記錄的演變——基於龍泉司法檔案的研究》，《浙江大學學報（人文社會科學版）》2020 年第 5 期。

522. 吳錚強：《秘密調查：龍泉司法檔案所見民事訴訟程序研究》，《浙江社會科學》2020 年第 8 期。

523. 謝超：《禮法糾纏：民初異姓繼承的交易邏輯與裁判考慮》，《原道》2020 年第 1 期。

524. 徐剛、焦富民：《「理實並重制」法律教育理念及其當代價值》，《江海學刊》2020 年第 5 期

525. 徐進：《論民國時期行政審判法律解釋的路徑選擇》，陳金釗、謝暉主編：《法律方法》第 32 卷，研究出版社，2020 年版。

526. 楊慶武、曾貝：《獄、疫與公共衛生：民國時期上海女監的衛生及疫病防治問題研究》，張勇安主編：《醫療社會史研究》（第十輯），社科文獻出版社，2020 年版。

527. 銀品：《雙軌制：民初地方審檢廳的設廢及轉向》，《民國檔案》2020 年第 4 期。

528. 袁春蘭：《民初平政院對官民土地所有權糾紛的裁判》，《政法論壇》2020 年第 6 期。

529. 張德美：《官府調解與民間裁決：近代選擇性記憶下的傳統》，《政法論壇》2020 年第 3 期。

530. 張嘉穎：《南京國民政府的空軍優撫立法——當代軍隊法制建設之鏡鑒》，劉昕杰主編：《四川大學法律評論》（第 19 卷），法律出版社，2020 年版。

531. 張生：《中國近代民法編纂的歷史反思：以傳統法的體系化改造為中心》，《社會科學家》2020 年第 8 期。

532. 張世慧、史慧佳《辛亥鼎革與商事審判：1912 年上海純泰錢莊破產案》，《近代史研究》2020 年第 1 期。

533. 張維達：《王世杰與 1946 年中國制憲進程中的政體之爭》，《法律史評論》2020 年第 2 期。

534. 張偉：《民國監察權運行實效考察（1931～1949）》，《法學評論》2020 年第 5 期。

535. 張雅倩：《從漢奸到戰犯：二戰後國民政府處置「臺籍漢奸」的法律轉換及爭議》，《近代中國》2020 年第 1 期。

536. 張雅倩：《從漢奸到戰犯：二戰後國民政府處置「臺籍漢奸」的法律轉換及爭議》，上海中山學社主編：《近代中國》第三十二輯，上海社會科學院出版社，2020 年版。

537. 趙斐：《制度、法律與觀念：民國時期的設「市」糾紛》，《城市史研究》2019 年第 2 期。

538. 趙進華、隋軍：《白山黑水，風雨陶鑄：民國時期東北大學的法學教育》，《法學教育研究》2020 年第 1 期。

539. 趙妍傑：《從合禮到非法：民初納妾制度的負面有罪化》，《河北學刊》2020 年第 2 期。

540. 鄭雲豔：《論董康和程樹德兩位法史專家的不同選擇》，載鄧慶平主編：《多元視域下的近世法律與中國社會》，中國政法大學出版社，2020 年版。

541. 鄭中雲：《從「雙層所有權」到「單一所有權」之變——民國時期永佃權在江蘇地區的繼受》，《中國農業大學學報（社會科學版）》2020 年第 1 期。

（三）革命根據地與建國初期

1. 公丕祥：《董必武與建國之初司法改革運動》,《江蘇社會科學》2011 年第 4 期。

2. 侯欣一：《對陝甘寧邊區人民調解制度的幾點共識——來自抗戰時期陝甘寧邊區的實踐》,《法學雜誌》2011 年第 1 期。

3. 胡永恆：《陝甘寧邊區的離婚法實踐》,《史學集刊》2011 年第 1 期。

4. 李勝渝：《建國初期西南地區貫徹婚姻法運動考》,《蘭州學刊》2011 年第 7 期。

5. 李喜蓮：《馬錫五審判方式再研究——以司法便民理念的踐行為分析路徑》,《湘潭大學學報》2011 年第 5 期。

6. 潘懷平：《陝甘寧邊區時期刑事調解制度研究》,《中共中央黨校學報》2011 年第 6 期。

7. 湯水清：《「離婚法」與「婦女法」：20 世紀 50 年代初期鄉村民眾對婚姻法的誤讀》,《復旦學報》2011 年第 6 期。

8. 王明有：《試論新中國建立後董必武的法制觀》,《河南師範大學學報》2011 年第 4 期。

9. 謝天長、湯雲龍：《閩西革命根據地時期的勞動立法考論》,《福建論壇》2011 年第 9 期。

10. 謝維雁：《回望一九五四：制憲者的憲法觀念及其反思》,《四川大學學報》2011 年第 6 期。

11. 嚴天何：《論馬錫五審判方式的功能》,《江西社會科學》2011 年第 11 期。

12. 易清：《建國初期我國民法典的起草過程》,《湖南師範大學社會科學學報》2011 年第 2 期。

13. 周祖成、池通：《1927～1945：革命根據地婚姻自由的法律表達》,《現代法學》2011 年第 4 期。

14. 程蕾、傅建成：《陝甘寧邊區商標立法的實踐及其歷史地位》,《寧夏社會科學》2012 年第 5 期。

15. 胡尚元：《建國初司法重建探析》,《安徽史學》2012 年第 6 期。

16. 胡永恆：《陝甘寧邊區民事審判中對六法全書的援用——基於邊區高等法院檔案的考察》,《近代史研究》2012 年第 1 期。

17. 史永麗：《論〈陝甘寧邊區抗戰時期施政綱領〉與「三民主義」》，《政法論叢》2012 年第 1 期。

18. 張娜：《陝甘寧邊區預防犯罪之啟示——以刑罰目的的實現為視角》，《寧夏社會科學》2012 年第 5 期。

19. 趙曉耕、沈瑋瑋：《人民如何司法：董必武人民司法觀在新中國初期的實踐》，《甘肅社會科學》2012 年第 2 期。

20. 郭凱：《新中國成立初期婚姻司法實踐的挑戰與應對》，《中州學刊》2013 年第 10 期。

21. 何勤華：《新中國法學發展規律考》，《中國法學》2013 年第 3 期。

22. 侯強：《論抗日根據地科技法制的文化功能——以陝甘寧邊區為中心》，《蘭州學刊》2013 年第 8 期。

23. 馬京平：《陝甘寧邊區農民法制教育：內容、確立依據與啟示》，《河南社會科學》2013 年第 8 期。

24. 陳洪傑：《人民司法的歷史面相——陝甘寧邊區司法傳統及其意義符號生產之「祛魅」》，《清華法學》2014 年第 1 期。

25. 韓偉：《政法傳統的司法生成——以陝甘寧邊區蕭玉璧案為中心》，《河北法學》2014 年第 8 期。

26. 胡永恆：《馬錫五審判方式：被「發明」的傳統》，《湖北大學學報》2014 年第 1 期。

27. 賈利亞、茅蕾：《中華蘇維埃政府時期的反腐敗社會參與和群眾監督》，《中國政法大學學報》2014 年第 2 期。

28. 賈宇：《陝甘寧邊區刑事和解制度研究》，《法律科學》（西北政法大學學報）2014 年第 6 期。

29. 劉朋：《1949～1956 年新中國的立法創制與制度立國》，《理論月刊》2014 年第 8 期。

30. 劉星：《馬錫五審判方式的「可能」的運行邏輯：法律與文學》，《清華法學》2014 年第 4 期。

31. 田荔枝：《論革命根據地司法判決的風格》，《政法論叢》2014 年第 3 期。

32. 肖周錄：《陝甘寧邊區判例彙編考略》，《法學研究》2014 年第 1 期。

33. 胡永恆：《陝甘寧邊區的情理斷案》，載中國社會科學院近代史研究所編：《第三屆近代中國與世界國際學術研討會論文集（全四卷）》，社會

科學文獻出版社，2015 年版。

34. 胡志民：《論蘇聯法學理論對新中國民法學的影響》，《上海師範大學學報》2015 年第 6 期。

35. 賈宇：《陝甘寧邊區巡迴法庭制度的運行及其啟示》，《法商研究》2015 年第 6 期。

36. 李文碩：《〈1949 年住房法〉：起源、內容與影響》，《上海師範大學學報》2015 年第 6 期。

37. 劉全娥：《黃克功案的法律意義》，載里贊主編：《法律史評論（第 7 卷）》，法律出版社，2015 年版。

38. 劉毅：《國家與憲法：民國法學譯著片論》，《華東政法大學學報》2015 年第 3 期。

39. 潘懷平：《陝甘寧邊區審判體制的建構經驗與現實價值》，《中共中央黨校學報》2015 年第 6 期。

40. 鄭輝、梁星亮：《延安時期中共法律文化建設的理論淵源探究》，《西北大學學報》2015 年第 4 期。

41. 鄭志鋒：《中央蘇區的婦幼保健立法》，《福建論壇》2015 年第 6 期。

42. 朱映雪、孫秦敏：《新中國成立初期我國普及「五四憲法」的實踐與經驗研究》，《廣西社會科學》2015 年第 10 期。

43. 安秀偉：《人民政法傳統的歷史生成與法治轉型》，《河南社會科學》2016 年第 2 期。

44. 杜清娥、岳謙厚：《太行抗日根據地女性婚姻家庭待遇及其衝突》，《安徽史學》2016 年第 3 期。

45. 韓偉：《設計民主：延安時期三三制重述》，載李在全執行主編：《近代中國的法律與政治》，社會科學文獻出版社，2016 年版。

46. 胡永恆：《司法「半獨立」：陝甘寧邊區司法的形態、理念與實踐》，載李在全執行主編：《近代中國的法律與政治》，社會科學文獻出版社，2016 年版。

47. 李飛龍：《婚姻習俗與國家在場：新中國成立初期民族地區婚姻糾紛調解機制研究》，《思想戰線》2016 年第 4 期。

48. 李紅雁：《湖湘地域文化視域中的毛澤東法律思想考評》，《湖南社會科學》2016 年第 2 期。

49. 劉馳、馬成:《陝甘寧邊區民主選舉互動研究——以立法設計和新聞宣傳為契入點》,《四川大學學報》2016 年第 5 期。

50. 劉全娥:《關於「黃克功逼婚殺人案」的三種敘事》,載李在全執行主編:《近代中國的法律與政治》,社會科學文獻出版社,2016 年版。

51. 邱少暉:《組織與行為視閾下我國工會法變遷的歷史考察》,《學術論壇》2016 年第 5 期。

52. 孫光妍、鄧齊濱:《中國革命法制「從農村到城市」的司法轉折——以哈爾濱解放區司法實踐為中心的考察》,《北方法學》2016 年第 5 期。

53. 孫國華、方林:《論董必武的馬克思主義法學研究範式》,《黑龍江社會科學》2016 年第 1 期。

54. 王耀海:《社會轉彎期的良法機理——毛澤東〈商鞅徙木立信論〉中的良法觀》,《浙江工商大學學報》2016 年第 2 期。

55. 魏曉立:《二十世紀四十年代晉冀魯豫邊區司法實踐中的族權變遷析論——以太行山區為中心》,《社會科學論壇》2016 年第 1 期。

56. 吳鵬森:《新中國刑釋人員社會政策的歷史演變》,《學術月刊》2016 年第 7 期。

57. 翟國強:《中國共產黨的憲法觀念史:超越事實論的變遷》,《法學評論》2016 年第 1 期。

58. 周磊:《新民主主義革命時期行政監察法制的探索與實踐》,《國家行政學院學報》2016 年第 5 期。

59. 陳俊:《彭真與中國特色社會主義法律體系的形成和發展》,《湖湘論壇》2017 年第 3 期。

60. 陳始發、張勇:《閩浙贛革命根據地法律文獻特點概述》,《蘇區研究》2017 年第 5 期。

61. 傅錢牧:《新中國初期的立憲研究》,《中共太原市委黨校學報》2017 年第 4 期。

62. 杜君、張月晨:《中央蘇區的反腐敗運動》,《廣西社會科學》2017 年第 7 期。

63. 甘霆浩:《建國初期土改的法律人類學考究》,《貴州民族研究》2017 年第 7 期。

64. 公丕祥:《馬克思的法律發展思想及其當代意義》,《中國社會科學》2017

年第 10 期。

65. 韓偉：《陝甘寧邊區的民事立法及其對當代民法典編纂的啟示》，《北方法學》2017 年第 3 期。

66. 劉國利：《從國情出發的立法理念——彭真立法實踐的特點》，《學術交流》2017 年第 11 期。

67. 劉全娥：《李鼎銘與陝甘寧邊區政府審判委員會》，載饒傳平主編：《近代法律史研究（第 2 輯）：近代法律人的世界》，社會科學文獻出版社，2017 年版。

68. 馬焱：《男女平等立法實踐的價值觀基礎研究——以中央蘇區頒布的維護農村婦女土地權益法律法規為例》，《雲南民族大學學報》2017 年第 1 期。

69. 時晨：《華北人民政府鐵路佔地問題立法述評》，載陳煜主編：《新路集（第六集）——第六屆張晉藩法律史學基金會徵文大賽獲獎作品集》，中國政法大學出版社，2017 年版。

70. 唐華彭：《新法律觀念在鄉村的強力塑造：以 1952 年司法改革運動為例》，《當代世界社會主義問題》2017 年第 2 期。

71. 田坤、程波：《中國早期馬克思主義者之法學觀述要》，《湘潭大學學報》2017 年第 6 期。

72. 王冬梅：《新中國成立初期〈婚姻法〉的宣傳和貫徹實施：以福建省惠安縣惠東地區為例》，《婦女研究論叢》2017 年第 1 期。

73. 王曉光：《從陝甘寧邊區兩個司法案例談起》，《理論視野》2017 年第 2 期。

74. 曉耕、段瑞群：《1952 年司法改革運動與法學界的反思——以北京市舊司法人員清理與改造為視角》，《北方法學》2017 年第 2 期。

75. 楊昌宇：《中國法律體系蘇聯淵源的當代反省》，《法治現代化研究》2017 年第 5 期。

76. 楊偉宏、馬慧芳：《抗戰時期陝甘寧邊區婚姻法規的實施與成效》，《中國高校社會科學》2017 年第 1 期。

77. 張宏卿：《蘇區時期的黨內巡視制度》，《湖湘論壇》2017 年第 6 期。

78. 張卓媛：《再思新中國成立初期廢除「偽法統」問題》，《內蒙古師範大學學報》2017 年第 3 期。

79. 趙海全：《新中國建國初期法制實踐的特徵：以 20 世紀 50 年代〈婚姻法〉貫徹運動為例》，《北京理工大學學報》2017 年第 1 期。

80. 趙海全：《新中國建國初期法制實踐的特徵——以 20 世紀 50 年代〈婚姻法〉貫徹運動為例》，《北京理工大學學報》2017 年第 1 期。

81. 白若楠：《觀念衝突與價值碰撞——陝西鄉村民眾對 1950 年〈婚姻法〉的誤解透視》，《歷史教學問題》2018 年第 5 期。

82. 陳始發、李妍婷：《中央蘇區法制宣傳教育研究》，《中國高校社會科學》2018 年第 5 期。

83. 陳始發：《革命根據地法律文獻整理現狀與文獻特點分析》，《中共黨史研究》2018 年第 4 期。

84. 馬成、趙俊鵬：《陝甘寧邊區法制建設中的「實用主義」》，《青海社會科學》2018 年第 4 期。

85. 馬小紅、張岩濤：《中國法律史研究的時代圖景（1949～1966）——馬列主義方法論在法律史研究中的表達與實踐》，《政法論叢》2018 年第 2 期。

86. 張華：《「民主和睦」：1950 年〈婚姻法〉的宣傳實施與新家庭建設》，《開放時代》2018 年第 4 期。

87. 趙勝：《1955～1956 年人民司法對農業合作化運動的保障》，《江淮論壇》2018 年第 2 期。

88. 陳輝庭：《中共領導制定 1954 年憲法的歷史考察》，《黨史研究與教學》2019 年第 6 期。

89. 崔言鵬：《延安時期中國共產黨黨內法規建設及其歷史經驗研究》，《理論學刊》2019 年第 6 期。

90. 韓偉：《延安時期對蘇聯憲法的引介與重釋：中國共產黨憲法觀的歷史考察》，《北方法學》2019 年第 6 期。

91. 何益忠：《民主革命時期黨內法規建設的多維考察》，《江漢論壇》2019 年第 12 期。

92. 姜迎春、朱麗霞：《糧食與紀律：新中國建立初期農村黨風的整頓與監察——以「強迫命令」的治理為中心》，《江漢論壇》2019 年第 3 期。

93. 李響：《「按勞分配」在中國：一個憲法概念的浮沉史》，《中外法學》2019 年第 5 期。

94. 李友根：《中國經濟法治七十年考——以投機倒把行為的規制史為研究對象》，《南京大學學報》2019 年第 5 期。

95. 劉青、李龍：《李達：馬克思主義法學中國化的奠基者》，《馬克思主義研究》2019 年第 6 期。

96. 劉全娥：《陝甘寧邊區離婚訴訟中「考慮期間」的創制、實踐及其價值》，《法律科學》2019 年第 6 期。

97. 劉毅：《斷裂與變革：共和國初年的法學譯著研究（1949～1965 年）》，載華東政法大學法律史研究中心編：《法律史研究》第 6 輯，法律出版社，2019 年版。

98. 馬成：《陝甘寧邊區鎮壓與寬大相結合的刑事政策及當代啟示》，《青海社會科學》2019 年第 5 期。

99. 馬姝：《革命、法律與女性——論無過錯離婚原則與 20 世紀中國婦女解放》，《上海大學學報》2019 年第 6 期。

100. 滿永、孫靜：《一九五三年上海市婚姻法運動月研究——以上海工業局檔案為中心的考察》，《黨史研究與教學》2019 年第 1 期。

101. 沈橋林：《新中國憲法對中華蘇維埃共和國憲法的傳承和發展》，《江西社會科學》2019 年第 12 期。

102. 孫澤學、賀懷鍇：《斯大林、蘇聯與新中國「五四憲法」的制定》，《中共黨史研究》2019 年第 8 期。

103. 顏傑峰、唐錫康：《中央蘇區時期紀檢監察體制歷史作用評析》，《中州學刊》2019 年第 4 期。

104. 翟志勇：《〈共同綱領〉與新中國的不成文憲法（1949～1954）》，《學術月刊》2019 年第 9 期。

105. 張海：《新中國成立初期湖南省貫徹婚姻法運動考察》，《湖南師範大學社會科學學報》2019 年第 3 期。

106. 張松、徐立：《周恩來與新中國成立初期的政法工作》，《黨的文獻》2019 年第 4 期。

107. 趙曉耕、劉盈辛：《再議「六法全書」及舊法體系的廢除》，《四川大學學報》2019 年第 6 期。

108. 陳珏：《再社會化」理念在中國罪犯改造歷史中的演進——以新中國上海女犯改造實踐為例》，《學習與探索》2020 年第 9 期。

109. 程夢婧：《中國第一代馬克思主義法學家的理論開創》，《法學研究》2020 年第 5 期。

110. 韓偉：《李增尚爭窯案中的革命司法傳統》，《法律適用》2020 年第 14 期。

111. 韓偉：《司法調解與治理變革——以陝甘寧邊區基層司法檔案為中心的考察》，《法學家》2020 年第 3 期。

112. 何勤華：《華東政法大學與復旦大學法學院的歷史淵源》，王偉主編：《復旦法律評論》（第 8 輯），上海人民出版社，2020 年版。

113. 蔣海松、張浪：《李達與馬克思主義法理學中國化的肇啟——基於湖南大學講義〈法理學大綱〉的考察》，《湖南大學學報（社會科學版）》2020 年第 6 期。

114. 蔣正陽：《變革與承續：陝甘寧邊區自首制度的表達與實踐》，《北大法律評論》編輯委員會主編：《北大法律評論》第 20 卷・第 1 輯，北京大學出版社，2020 年版。

115. 李坤睿：《審判與調解：新中國成立初期的清理積案與制度選擇》，《當代中國史研究》2020 年第 1 期。

116. 劉作翔、王勇：《民主、自治與法治：「週期率」問題再思考——關於國家與社會治理的一場學術對話》，《法學論壇》2020 年第 3 期。

117. 馬成、侯孟良：《陝甘寧邊區少數民族權益保障政策的法制化探索》，周偉洲主編：《西北民族論叢》第二十輯，社會科學文獻出版社，2020 年版。

118. 穆紅琴、王娟：《中華人民共和國成立初期的 Y 縣離婚訴訟研究》，《法律和社會科學》2019 年第 1 期。

119. 孫光妍、宋鋆：《革命根據地法制史研究歷程回顧——以數據統計為中心的考察》，《北方法學》2020 年第 2 期。

120. 衛彥明：《董必武人民司法思想的內涵及當代價值體現》，《河北法學》2020 年第 7 期。

121. 葉萍：《中央蘇區的婚姻立法及其現實啟示》，《江西社會科學》2020 年第 7 期。

122. 鄭繼湯：《中央蘇區司法制度與司法實踐學術史研究》，《黨史研究與教學》2020 年第 2 期。

第四章　中國古代法律思想史

1. 陳文興：《先秦法家的道德思想》，《學術探索》2011 年第 6 期。

2. 崔永東：《董仲舒司法思想新探》，《北方法學》2011 年第 6 期。

3. 董愛玲：《傳統政治法律思想中的德法之辨及其實踐理性》，《西北師大學報》2011 年第 2 期。

4. 付子堂、胡仁智：《先秦儒法兩家的社會矛盾調處思想及其時代意義》，《法學雜誌》2011 年第 7 期。

5. 高萍：《試論我國古代的喪服制度與其所蘊含的禮法思想》，《東南學術》2011 年第 6 期。

6. 郭鶴鳴：《柔弱無為與法治原則——觀察《道德經》的一個新視角》，載方勇主編：《諸子學刊》第 5 輯，上海古籍出版社，2011 年版。

7. 賈旗、陳少峰：《略論唐律中的「權變」思想》，《福建論壇》2011 年第 5 期。

8. 姜棟：《論中國古代民本思想與吏治的互動關係》，《法學雜誌》2011 年第 6 期。

9. 冷必元：《西周「慎罰」思想疑思與解惑》，《政治與法律》2011 年第 10 期。

10. 李啟成、李貴連：《帝制法治的兩面——「斷罪引律令」與比附援引制度的思想基礎》，清華法學》2011 年第 6 期。

11. 廖凱原、關志國、黃列、支振鋒：《《黃帝四經》新見：中國法治與德治科學觀的反熵運行體系》，《環球法律評論》2011 年第 2 期。

12. 柳岳武：《穿梭陰陽界——〈聊齋誌異〉法律思想解讀》，《政法論壇》

2011 年第 2 期。

13. 聶長建、李國強：《孔子反對「鑄刑鼎」的法哲學解讀》，《浙江社會科學》2011 年第 3 期。

14. 王剛、黃琦先：《秦法家功利幸福觀略論》，《學術交流》2011 年第 1 期。

15. 王凌皞、勞倫斯·索倫：《儒家美德法理學論綱》，《浙江大學學報》2011 年第 1 期。

16. 王亞軍：《論〈呂氏春秋〉的雜家法思想》，《西北師大學報》2011 年第 6 期。

17. 王占通：《韓非法律思想新探》，《當代法學》2011 年第 6 期。

18. 吳正茂：《再論法律儒家化對瞿同祖「法律儒家化」之不同理解》，《中外法學》2011 年第 3 期。

19. 肖建新：《立法·變法：南宋陳傅良的法制理念》，《安徽師範大學學報》2011 年第 5 期。

20. 徐慧娟：《〈唐律疏議〉中的孝倫理思想》，《湖南社會科學》2011 年第 6 期。

21. 張德美：《家族本位視角下的法律儒家化》，《比較法研究》2011 年第 3 期。

22. 張維新：《先秦「鑄刑書」「鑄刑鼎」之爭的憲政思維新論》，《河南師範大學學報》2011 年第 2 期。

23. 張文勇：《論儒家「仁愛」思想對宋代司法的影響》，《學術論壇》2011 年第 5 期。

24. 朱茜：《論申不害「由名而術」之政治思想》，《求索》2011 年第 1 期。

25. 朱曉紅：《論先秦軍禮與儒法思想的形成》，《陝西師範大學學報》2011 年第 5 期。

26. 曹鵬：《老子「法律虛無觀」辯析》，《四川大學學報》2012 年第 5 期。

27. 陳更宇：《商鞅法治思想考論》，載方勇主編：《諸子學刊》第 6 輯，上海古籍出版社，2012 年版。

28. 崔永東：《漢代司法思想史研究的兩個側面——〈淮南子〉與〈漢書·刑法志〉中的司法思想初探》，《暨南學報》2012 年第 8 期。

29. 崔永東：《明代丘濬〈慎刑憲〉中的慎刑思想》，《中國刑事法雜誌》2012 年第 4 期。

30. 崔永東：《唐朝前期統治集團的司法思想——以〈貞觀政要〉與〈唐律疏義〉為根據》，《政法論叢》2012 年第 4 期。

31. 鄧輝、左珂：《〈明夷待訪錄〉政治思想探析——解析重構法下凸顯出的民本印跡》，《湘潭大學學報》2012 年第 1 期。

32. 李露：《中國傳統禮法文化視野下刑罰思想的歷史考察》，《河北法學》2012 年第 10 期。

33. 李啟成：《自崇禮到重法（上）——以先秦士階層「得君行道」觀念為視角》，《政法論叢》2012 年第 4 期。

34. 李啟成：《自崇禮到重法（下）——以先秦士階層「得君行道」觀念為視角》，《政法論叢》2012 年第 5 期。

35. 李效武：《荀子禮治思想與韓非法治思想之比較》，《湖北社會科學》2012 年第 6 期。

36. 林叢、張韶宇：《易象視域下的法學觀——論〈易傳〉的法律觀》，《東嶽論叢》2012 年第 6 期。

37. 林明：《論慎刑理念對古代司法運行機制的影響》，《法學雜誌》2012 年第 4 期。

38. 呂麗、倪晨輝：《〈盟水齋存牘〉中的慎刑理念分析》，《學術研究》2012 年第 11 期。

39. 馬騰：《先秦法思想之名學框架略詮——從孔子的正名主義到申韓的刑名之論》，《北方法學》2012 年第 6 期。

40. 馬作武：《先秦法家重刑主義批判》，《中外法學》2012 年第 6 期。

41. 錢繼磊：《試論易經與先秦法家思想的淵源關係》，《華中科技大學學報》2012 年第 6 期。

42. 屈永華：《准五服以制罪是對儒家禮教精神的背離》，《法學研究》2012 年第 5 期。

43. 任海濤：《〈道德經〉的憲法政治法哲學視角》，《求索》2012 年第 3 期。

44. 孫光寧：《判決理由的融貫性——從〈孝經〉判案說起》，《浙江社會科學》2012 年第 7 期。

45. 魏敦友：《開啟中國思想史上的法學知識軸心時代》，《杭州師範大學學報》2012 年第 5 期。

46. 葉樹勳：《〈周易·大象傳〉所見古代儒家的刑罰自然主義》，《學術研究》

2012 年第 8 期。

47. 曾振宇：《「以刑去刑」：商鞅思想新論》，《山東大學學報》2013 年第 1 期。

48. 陳和平：《先秦「禮法之爭」法哲學之辨》，《南昌大學學報》2013 年第 2 期。

49. 方瀟：《孔子「無訟」思想的變異及其原因分析——兼論對我國當前司法調解的啟示》，《法商研究》2013 年第 1 期。

50. 高華平：《論先秦法家及楚國法家思想的歷史演變》，《中山大學學報》2013 年第 6 期。

51. 洪佳期：《論中國傳統司法審判中的儒家法律價值觀——以〈張船山判牘〉為考察中心》，《杭州師範大學學報》2013 年第 1 期。

52. 侯磊：《「任法去私」與商鞅的政治公共理性》，《浙江社會科學》2013 年第 2 期。

53. 龍江、陳松：《從批判、理想到現實、理性——論儒家教化觀的宋代之變及其對法律思想的影響》，《社會科學家》2013 年第 2 期。

54. 馬豔玲：《名實之辯與韓非法治思想》，《學術交流》2013 年第 6 期。

55. 邱鋒：《〈春秋穀梁傳〉與法家思想》，《甘肅社會科學》2013 年第 1 期。

56. 邵方：《儒家思想對西夏法制的影響》，《比較法研究》2013 年第 2 期。

57. 孫家紅：《「天人合一」思想在明清司法中的實踐及其終結》，《中國政法大學學報》2013 年第 3 期。

58. 王凌皞：《孟子人性發展觀及其法理意義》，《法學研究》2013 年第 1 期。

59. 魏豔楓：《德教與刑罰——荀子與韓非性惡觀比較》，《東北師大學報》2013 年第 6 期。

60. 徐大同：《先秦法家權勢、法治、心術的治國之道》，《政治學研究》2013 年第 5 期。

61. 張全民、姚上怡：《戴名世法律思想探析》，《湘潭大學學報》2013 年第 2 期。

62. 趙馥潔：《論先秦法家的價值體系》，《法律科學》（西北政法大學學報）2013 年第 4 期，第 15～21 頁。

63. 鄭英明：《文天祥判詞所體現的法律思想初探》，《西北師大學報》2013 年第 2 期。

64. 朱騰：《原則化與規則化——〈春秋公羊傳〉與〈春秋穀梁傳〉所見周禮之實質化的兩種路徑》，《法制與社會發展》2013 年第 6 期。

65. 晁福林：《「五刑不如一恥」——先秦時期刑法觀念的一個特色》，《社會科學輯刊》2014 年第 3 期。

66. 陳義和：《佛教觀念對中國古代法律的影響初探》，《比較法研究》2014 年第 4 期。

67. 單純：《過秦與正韓：論儒家對秦制及法家思想的批判》，《中國政法大學學報》2013 年第 2 期。

68. 丁曉東：《身份、道德與自由契約——儒家學說的制度性解讀》，《法學家》2014 年第 3 期。

69. 方瀟：《歷史語境論下的憲政情懷及表達——張晉藩先生〈中國憲法史〉之評析》，《政法論壇》2014 年第 2 期。

70. 何永軍：《中國法律之儒家化商兌》，《法制與社會發展》2014 年第 2 期。

71. 黃震雲：《論莊子的法治思想》，載方勇主編：《諸子學刊》第 11 輯，上海古籍出版社，2014 年版。

72. 黃震雲：《荀子的法治思想》，載方勇主編、《諸子學刊》編委會編：《諸子學刊》第 10 輯，上海古籍出版社，2014 年版。

73. 李雷東：《「明德」與「慎罰」——〈周書〉中兩種認識論思想的比較》，《社會科學家》2014 年第 7 期。

74. 李平：《論墨子與先秦「法」學興起》，《法制與社會發展》2014 年第 2 期。

75. 劉學斌：《先秦儒法政治秩序觀析論》，《廣西師範大學學報》2014 年第 4 期。

76. 路強：《晉法家的政治倫理》，《江西社會科學》2014 年第 3 期。

77. 羅操：《從買地券看東漢民眾的法律意識》，《甘肅社會科學》2014 年第 2 期。

78. 彭新武：《法家精神：價值與缺失》，《中國人民大學學報》2014 年第 2 期。

79. 舒建國、石畢凡：《法家之「法」的實證主義品格及其現代闡釋》，《浙江社會科學》2014 年第 10 期。

80. 汪榮：《儒家經學禮法觀對東漢社會的控制與整合窺探》，《貴州社會科

學》2014 年第 4 期。

81. 王效峰、梁道禮：《〈淮南子〉對先秦法家思想的承緒與改鑄》，《西安交通大學學報》2014 年第 5 期。

82. 王旭傑：《中國古代官箴書中的息訟思想探析》，《寧夏社會科學》2014 年第 6 期。

83. 武樹臣：《尋找最初的「仁」對先秦「仁」觀念形成過程的文化考察》，《中外法學》2014 年第 1 期。

84. 楊頡慧：《論戰國黃老道家的法治思想》，《河南社會科學》2014 年第 2 期。

85. 楊玲：《從秦代刻石文看秦始皇對法家思想的接受與發展》，《蘭州大學學報》2014 年第 4 期。

86. 張富祥：《黃老之學與道法家論略》，《史學月刊》2014 年第 3 期。

87. 張中秋：《傳統中國法的精神及其哲學》，《中國法學》2014 年第 2 期。

88. 周慶峰：《韓非法律信用思想基石及其建構》，《江西社會科學》2014 年第 6 期。

89. 曹毅搏：《論魏晉玄學法律觀的思想淵源、內涵及價值取向》，《深圳大學學報》2015 年第 5 期。

90. 曾建平、楊寬情：《德治視野下的法治：以孟子為視角》，《齊魯學刊》2015 年第 6 期。

91. 顧家寧：《法度精神與憲制意識——〈明夷待訪錄·原法〉篇再探》，《浙江社會科學》2015 年第 2 期。

92. 關健英、王穎：《法治與德治：思想史的視角及現代審視》，《齊魯學刊》2015 年第 6 期。

93. 韓偉：《法家治道的反思與重構》，《南通大學學報》2015 年第 4 期。

94. 賈英健：《「倫理學視域中的法治與德治關係」專題討論》，《山東社會科學》2015 年第 12 期。

95. 李鳴：《王夫之法制體系學說探微》，載朱勇主編：《中華法系》（第六卷），法律出版社，2015 年版。

96. 李禹階：《論商鞅、韓非的國家思想及「法」理念——兼論商、韓法家理論的結構性缺陷》，《暨南學報》2015 年第 1 期。

97. 龍大軒：《道與中國「無訟」法律傳統》，《現代法學》2015 年第 1 期。

98. 馬騰：《申不害刑名法術思想及對傳統治道的影響》，《政法論壇》2015年第6期。

99. 錢錦宇：《法家思想的批判性繼承與中國現代民族精神的塑造》，《南通大學學報》2015年第4期。

100. 錢錦宇：《中國國家治理的現代性建構與法家思想的創造性轉換》，《法學論壇》2015年第3期。

101. 宋玲：《商鞅「法治」思想與中國傳統社會治理》，《比較法研究》2015年第1期。

102. 王凌皞：《司法判決中的實踐理由與規範適用——儒家「原情定罪」整體論法律推理模型的重構》，《法制與社會發展》2015年第3期。

103. 王雅、劉東升：《公正、人心、禮義——〈管子〉「以法治國」的法治思想解析》，《齊魯學刊》2015年第2期。

104. 吳默聞：《荀子禮法合治思想探析》，《浙江學刊》2015年第3期。

105. 吳全蘭：《西漢法家對意識形態話語權的爭奪及其失敗原因》，《廣西師範大學學報》2015年第2期。

106. 武夫波：《董仲舒法本體論初探——基於法哲學研究的視角》，載朱勇主編：《中華法系》（第六卷），法律出版社，2015年版。

107. 武樹臣：《「仁」的變遷：孔子法律思想的歷史邏輯》，《法律科學》（西北政法大學學報）2015年第1期。

108. 肖光輝：《晉國及韓趙魏的改革與法家思想的形成》，《社會科學家》2015年第12期。

109. 謝晶：《家可出否：儒家倫理與國家宗教管控》，《北方法學》2015年第4期。

110. 徐公喜、吳京紅：《中：宋明理學法治核心價值》，《學術界》2015年第8期。

111. 喻中：《法家第三期：全面推進依法治國的思想史解釋》，《法學論壇》2015年第1期。

112. 喻中：《論先秦法家與依法治國》，《南通大學學報》2015年第4期。

113. 張分田：《「儒家講王道，法家講霸道」的說法違背史實》，《天津師範大學學報》2015年第6期。

114. 張玥：《論勞乃宣的法律思想——以〈楓鄉芍先生遺稿〉為中心》，載陳

煜主編：《新路集——第五屆張晉藩法律史學基金會徵文大賽獲獎作品集》（第五集），中國政法大學出版社，2015 年版。

115. 艾永明：《〈黃帝四經〉中「名」的法律意義》，《蘇州大學學報》2016 年第 2 期。

116. 陳翠玉：《古代株連制度的思想爭論及其解讀》，載肖洪泳、蔣海松主編：《嶽麓法學評論》第 11 卷，中國檢察出版社，2016 年版。

117. 陳繼紅：《法刑事件中孔子德法互濟思想觀略》，《道德與文明》2016 年第 2 期。

118. 方銘：《「教而不誅」與原始儒家的法治精神》，《西北師大學報》2016 年第 3 期。

119. 郭亮、陳金全：《思想史視閾下法治中國的若干問題》，《求索》2016 年第 1 期。

120. 何慧：《論慎子的法哲學思想》，載李曙光主編：《法大研究生》2016 年第 1 輯，中國政法大學出版社，2016 年版。

121. 何慧：《慎到法思想研究》，《江西社會科學》2016 年第 8 期。

122. 黃春燕：《中國傳統法律中比附制度的思想淵源》，《河南社會科學》2016 年第 8 期。

123. 黃金榮：《先秦法治的成敗與德治的興起——基於對商鞅法治思想的反思》，載陳林林主編：《浙大法律評論》（第 3 卷），浙江大學出版社，2016 年版。

124. 黃啟祥：《論法家學說的反噬現象》，《北京社會科學》2016 年第 4 期。

125. 黃瑞敏：《論荀子的禮法觀在儒法接榫中的重要作用》，《學術研究》2016 年第 6 期。

126. 黃宇昕：《論道德與政治的辯證關係——兼論儒家思想與民主政治的結合》，載朱勇主編：《中華法系》（第七卷），法律出版社，2016 年版。

127. 賈琳：《清季法家的「國族」轉向及其內在困境——基於科場士子與留日學生話語認知的比較考察》，《南京大學學報》2016 年第 5 期。

128. 姜登峰：《先秦法律思想的人性基礎——人文主義視角的解讀》，《法學雜誌》2016 年第 12 期。

129. 孔慶平：《韓非子治道思想的核心及其困境》，《中山大學學報》2016 年第 6 期。

130. 李平：《規矩·致治·成人：孟子法哲學新解》，《現代法治研究》2016 年第 2 期。

131. 李平：《先秦禮法之爭新詮——以情景中的儒家學說演化為線索》，《清華法學》2016 年第 4 期。

132. 李晟：《儒家政制傳統中的軍政關係——制度與思想的語境化理解》，《中外法學》2016 年第 4 期。

133. 劉宇昊：《法家法權與王權的邏輯關係及學理矛盾》，《歷史教學問題》2016 年第 4 期。

134. 劉澤華：《法家「不尚賢」辨析——戰國時期儒法之爭問題之一》，《天津社會科學》2016 年第 6 期。

135. 馬騰：《禮學傳承與君權政治——子夏氏之儒對法思想史的影響》，《華東政法大學學報》2016 年第 2 期。

136. 馬騰：《墨家「兼愛」之創議及其法哲學演繹——從《兼愛》三篇到「墨辯」後學》，《現代法治研究》2016 年第 2 期。

137. 馬小紅：《中國古代法思想與先秦儒家的法律理想主義》，載《人大法律評論》編輯委員會組編：《人大法律評論》第 20 輯，法律出版社，2016 年版。

138. 彭林：《儒家禮治思想的緣起、學理與文化功用》，《湖南大學學報》2016 年第 6 期。

139. 錢錦宇：《新「法家三期說」的理論闡述——法家思想史斷代的幾個問題》，《東方法學》2016 年第 4 期。

140. 邵方：《儒家思想與禮樂文明》，《政法論壇》2016 年第 6 期。

141. 蘇潔、武麗佳：《透過軟法理論看傳統禮法合治思想》，《貴州社會科學》2016 年第 2 期。

142. 王凌皞：《論古代法律思想當代創造性轉化的方法——以古典儒家法律思想為例》，載《人大法律評論》編輯委員會組編：《人大法律評論》第 20 輯，法律出版社，2016 年版。

143. 王凌皞：《論評價性法律概念的解釋基準及其方法——以儒家「正名」學說為出發點》，《學習與探索》2016 年第 10 期。

144. 武樹臣：《論法家的名稱、緣起和師承》，《法學雜誌》2016 年第 12 期。

145. 肖洪泳：《報與死刑：中國古代死刑報應思想的基本特質》，載肖洪泳、

蔣海松主編：《嶽麓法學評論》第 11 卷，中國檢察出版社，2016 年版。

146. 喻中：《法家的類型學考察》，《東方法學》2016 年第 4 期。

147. 喻中：《法家三期論》，《法學評論》2016 年第 3 期。

148. 張曉明：《近三十年〈管子〉法治思想研究》，《管子學刊》2016 年第 3 期。

149. 趙京朝：《杜恕禮法思想與曹魏法律儒家化》，載朱勇主編：《中華法系》（第七卷），法律出版社，2016 年版。

150. 趙靜濤：《荀子禮法思想研究的理論困境與體系建構》，《甘肅社會科學》2016 年第 2 期。

151. 朱明：《皋陶司法思想研究》，載中華司法研究會編：《中華司法的歷史、現狀與未來：首屆中華司法研究高峰論壇文集》，人民法院出版社，2016 年版。

152. 白奚：《從郭店儒家簡看荀子禮法互補治國理論的思想淵源》，《中原文化研究》2017 年第 3 期。

153. 柴永昌：《〈管子〉法家兩派說》，《管子學刊》2017 年第 3 期。

154. 陳翠玉：《古代株連制度的思想爭論及其解讀》，《嶽麓法學評論》2017 年第 11 卷。

155. 陳登武：《杜牧的地方治理與法律思想》，載周東平、朱騰主編：《法律史譯評（第四卷）》，中西書局，2017 年版。

156. 陳鴻：《「包容型」刑法文化的傳統思想基礎——基於儒家、道家的視角》，《江西社會科學》2017 年第 5 期。

157. 程燎原：《「法家學」的新篇章：近代中國馬克思主義史學家的法家研究》，《社會科學戰線》2017 年第 1 期。

158. 程燎原：《千古一「治」：中國古代法思想的一個「深層結構」》，《政法論壇》2017 年第 3 期。

159. 崔磊：《儒家性本思想注釋下的刑罰價值解讀》，《南開學報》2017 年第 3 期。

160. 單純：《論「德治」思想的法理意義》，載朱勇主編：《中華法系》（第十卷），法律出版社，2017 年版。

161. 段凡：《論沈家本司法人道主義思想及其歷史意義》，《法學評論》2017 年第 2 期。

162. 馮愛冰主編：《儒家思想在定分止爭中的應用》，法律出版社，2017 年版。

163. 韓偉：《法家三期論的理論創新與時代價值》，《南通大學學報》2017 年第 3 期。

164. 黃輝明：《子夏對晉儒轉法的貢獻及其學派地位》，《北方論叢》2017 年第 4 期。

165. 黃啟祥：《論「父為子隱，子為父隱，直在其中」》，《文史哲》2017 年第 3 期。

166. 黃兆強、張弘：《儒家是法家的天敵》，《社會科學論壇》2017 年第 2 期。

167. 黃正建：《〈應正論〉與唐代前期的嚴刑思想》，《河北學刊》2017 年第 4 期。

168. 孔濤：《〈韓非子〉的法家藝術觀簡議》，《管子學刊》2017 年第 1 期。

169. 黎漢基：《復仇的限制——從〈穀梁傳〉的政治觀點看》，《中國哲學史》2017 年第 1 期。

170. 李德嘉：《董仲舒「任德不任刑」的思想辨正》，《江漢學術》2017 年第 4 期。

171. 李天元：《探議〈大明律〉立法的人情思想》，《蘭臺世界》2017 年第 9 期。

172. 李穎：《先秦法家學者及其法律思想研究》，《武警指揮學院學報》2017 年第 6 期。

173. 李禹階：《論商鞅、韓非的國家治理思想及「法」理念——兼論先秦法家理論的結構性缺陷》，載李禹階、常雲平主編：《國家與文明（第一輯）》，科學出版社，2017 年版。

174. 李哲：《儒家「親親」思想與中國傳統社會家族族長研究——以清代民事習慣為視角》，《齊魯學刊》2017 年第 3 期。

175. 劉峰：《論法家「刻薄寡恩」的偽現代性：與謝紅星先生商榷》，《太原理工大學學報》2017 年第 5 期。

176. 劉佳：《從「力行黃老」到「鎔鑄百家」：西漢前期法律思想的歷史演進》，《西部學刊》2017 年第 8 期。

177. 劉書剛：《戰國法家對學士的批判與其身份困境》，《社會科學論壇》2017 年第 1 期。

178. 劉舟祺：《試比較董康與居正法律思想中的司法改良路徑選擇——兼論民國中後期司法改良中的「英美化」與「本土化」》，載里贊主編：《法律史評論》（第 9 卷），法律出版社，2017 年版。

179. 馬騰：《儒法之間：道家哲學對先秦法思想史的意義》，《現代法學》2017 年第 2 期。

180. 馬騰：《中國傳統法思想形態新探——以晉〈律注表〉為中心》，《法制與社會發展》2017 年第 1 期。

181. 莫楠：《〈淮南子〉倫理思想：道、儒、法之融合》，《南昌大學學報》2017 年第 6 期。

182. 彭新武：《中國傳統法治觀的流變與重塑》，《河北大學學報》2017 年第 4 期。

183. 錢錦宇：《法家思想的近世續造——以陳啟天的「新法家理論」為中心》，《社會科學戰線》2017 年第 1 期。

184. 錢錦宇：《法律強制力觀念的弱化與法家思想的時代性危機：一個初步的批判與闡釋》，《理論探索》2017 年第 1 期。

185. 任鋒：《「以法為治」與近世儒家的治道傳統》，《文史哲》2017 年第 4 期。

186. 宋洪兵：《先秦法家政治正當性的理論建構》，《北京師範大學學報》2017 年第 6 期。

187. 陶雲飛：《淺議「原心定罪」思想》，《鄂州大學學報》2017 年第 2 期。

188. 田振洪：《末代帝師陳寶琛的法律觀》，載里贊主編：《法律史評論》（第 9 卷），法律出版社，2017 年版。

189. 王謀寅：《〈道德經〉對唐玄宗法律思想的影響》，載陳景良、鄭祝君主編：《中西法律傳統》（第 13 卷），中國政法大學出版社，2017 年版。

190. 王正：《「法儒」還是「儒法」？——荀子與法家關係重估》，《哲學研究》2017 年第 2 期。

191. 武樹臣：《「仁」的變遷：孔子法律思想的歷史邏輯》，載何柏生主編：《中國傳統法律文化與法律價值》，法律出版社，2017 年版。

192. 武樹臣：《法家「法治」思想再考察》，《甘肅社會科學》2017 年第 4 期。

193. 武樹臣：《法家的師承：出乎儒而返乎儒》，《山東大學學報》2017 年第 1 期。

194. 夏紀森：《法治視域下先秦儒家倫理的價值與困境》，載侯欣一主編：《法律與倫理》2017 年第一期，社會科學文獻出版社，2017 年版。

195. 肖洪泳：《報與死刑：中國古代死刑報應思想的基本特質》，《嶽麓法學評論》2017 年第 11 卷。

196. 謝紅星：《法家「刻薄寡恩」駁論——從「刻薄寡恩」看法家的治理理論》，載里贊主編：《法律史評論》（第 9 卷），法律出版社，2017 年版。

197. 徐永康：《〈論語〉中的「先富後教」思想及其法文化價值》，載何柏生主編：《中國傳統法律文化與法律價值》，法律出版社，2017 年版。

198. 葉芳：《〈老子〉「無為而治」法政哲學的三重意蘊》，《江淮論壇》2017 年第 6 期。

199. 裔一：《柳宗元〈駁覆仇議〉的多面向探索》，《孔子研究》2017 年第 3 期。

200. 喻中：《法家學說與社會科學的中國化建構——立足於法學與人文社會科學的交叉研究》，《法學家》2017 年第 5 期。

201. 喻中：《格義的再現：法家學說與法學對等關係之建構》，《現代法學》2017 年第 4 期。

202. 喻中：《論韓非學術思想的演進歷程》，《政法論叢》2017 年第 6 期。

203. 袁金華、張世明：《唐代「懸法學為上科」思想之闡發及實踐價值——基於法律史學史視野下的考察》，《貴州社會科學》2017 年第 4 期。

204. 袁勁：《先秦法家論「怨」——以〈管子〉〈商君書〉〈韓非子〉為中心》，《管子學刊》2017 年第 2 期。

205. 張繼：《西周法律思想的「類型學」研究》，《吉首大學學報》2017 年第 6 期。

206. 張銘：《秦官箴中的黃老治民、治吏思想》，載王捷主編：《出土文獻與法律史研究（第六輯）》，法律出版社，2017 年版。

207. 張慶利：《〈韓非子〉的法治精神與文章風格》，《東北師大學報》2017 年第 5 期。

208. 張群：《中國古代保密法律思想芻議——以〈左傳〉〈史記〉〈漢書〉和〈資治通鑒〉為例》，載朱勇主編：《中華法系》（第十卷），法律出版社，2017 年版。

209. 趙馥潔：《論先秦法家的價值體系》，載何柏生主編：《中國傳統法律文化

與法律價值》，法律出版社，2017 年版。

210. 趙進華：《「韓非定理」命名有誤——與〈對「韓非定理」的初步證明〉作者商榷》，載霍存福主編：《法律文化論叢》（第 7 輯），知識產權出版社，2017 年版。

211. 趙崧：《王陽明「因時致治」法律思想探討》，載里贊主編：《法律史評論》（第 9 卷），法律出版社，2017 年版。

212. 趙威、王四達：《法家的「勢治」理論及其對當前法治建設的啟示》，《廣東社會科學》2017 年第 4 期。

213. 趙文婧：《春秋戰國時期楚國的法律思想與「法治特色研究」》，《蘭臺世界》2017 年第 4 期。

214. 周熾成：《先秦有法家嗎？——兼論「法家」的概念及儒法關係》，《哲學研究》2017 年第 4 期。

215. 朱漢民、胡長海：《儒、法互補與傳統中國的治理結構》，《武漢大學學報（人文科學版）》2017 年第 2 期。

216. 朱會良：《盛世之治：唐太宗的法制思想》，《人民法院報》2017 年 12 月 1 日。

217. 馮豔豔：《韓非子賞罰思想的經濟分析——以賞罰「審計」原則為例》，《北京行政學院學報》2018 年第 3 期。

218. 孔慶平：《試論〈韓非子〉法的基礎與正當性》，《政法論壇》2018 年第 3 期。

219. 李洪濤、陳國燦：《「和合而同」——論中國古代契約的「貴和」思想》，《中國經濟史研究》2018 年第 4 期。

220. 李健勝：《〈二年律令〉所見漢初國家統治思想》，《西南大學學報》2018 年第 1 期。

221. 李峻嶺：《荀子與法家：援法入儒及理念分合——兼論荀子與韓非、李斯之關係》，《理論學刊》2018 年第 5 期。

222. 劉丹忱：《孫中山法治近代化思想中的創新與守本》，《山西大學學報》2018 年第 6 期。

223. 任鋒：《錢穆的法治新詮及其啟示：以〈政學私言〉為中心》，《西南大學學報》2018 年第 5 期。

224. 宋洪兵：《法家的富強理論及其思想遺產》，《社會科學戰線》2018 年第

10 期。

225. 宋洪兵：《韓非子道論及其政治構想》，《政法論壇》2018 年第 3 期。

226. 夏毅輝：《商鞅的學術知識考辯——兼論雜家學術與秦國崛起的關係》，《貴州社會科學》2018 年第 7 期。

227. 謝晶：《清律「家人共盜」的法思想源流》，《法學研究》2018 年第 2 期。

228. 于瑤、張志泉：《論〈呂刑〉「祥刑」思想及其史鑒價值》，《山東社會科學》2018 年第 9 期。

229. 喻中：《從法家三期論看律學的興起與衰落》，《河南大學學報》2018 年第 6 期。

230. 喻中：《法家的現代性及其理解方式》，《山東大學學報》2018 年第 1 期。

231. 喻中：《經史之間：蒙文通對法家的闡釋》，《文史哲》2018 年第 4 期。

232. 喻中：《荀子的禮法學說》，《煙臺大學學報》2018 年第 5 期。

233. 陳煜：《西周時期的司法思想》，載朱勇主編：《中華法系》（第十二卷），法律出版社，2019 年版。

234. 姜登峰：《秦亡——法家思想不可承受之責的探析》，《中國政法大學學報》2019 年第 4 期。

235. 劉璐：《清季楊蔭杭的法政活動與思想軌跡（1899～1911）》，載里贊主編：《法律史評論》（2019 年第 2 卷），社會科學文獻出版社，2019 年版。

236. 潘傳表：《法家約束君權的設計及其影響》，《北方法學》2019 年第 5 期。

237. 孫傑：《明人高拱「治國之義利」的產生及其思想資源——兼及漢代以後儒法合流的表現形態》，《東南學術》2019 年第 4 期。

238. 涂四益：《從傳統的「天下共同體」到 1946 年憲法中的民族——一種觀念史的疏理》，《法學評論》2019 年第 5 期。

239. 肖建新、譚書龍：《朱熹審計監察的思想和實踐》，《中國經濟史研究》2019 年第 1 期。

240. 喻中：《論齊魯之法理學》，《山東社會科學》2019 年第 4 期。

241. 喻中：《仁與禮：孔子的二元規範論》，《法律科學》2019 年第 5 期。

242. 翟子夜：《中國傳統法治觀的流變及重構》，《思想政治教育研究》2019 年第 4 期。

243. 詹奇瑋：《荀子刑法思想及其當代啟示》，《史學月刊》2019 年第 10 期。

244. 周四丁：《論韓非法治學說的目標體系》，《江淮論壇》2019 年第 1 期。

245. 朱浩毅：《〈折獄高抬貴手〉「尚德緩刑」思想芻議——以「宥過」、「矜謹」兩門為例》，《史學彙刊》2019 年第 38 期。

246. 蔡茂寅：《易經傳中的法律思想》，《現代法治研究》2020 年第 2 期。

247. 陳登武：《陸贄的國家治理與法律思想》，載陳俊強主編：《中國歷史文化新論：高明士教授八秩嵩壽文集》，元華文創股份有限公司，2020 年版。

248. 丁鼎：《禮法相濟、禮主法輔——〈周禮〉所體現的社會治理思想》，《孔子研究》2020 年第 6 期。

249. 高華平：《商鞅及早期法家的學術批評——以〈商君書〉與先秦諸子思想的關係為中心》，《暨南學報（哲學社會科學版）》2020 年第 6 期。

250. 桂齊遜：《貞觀君臣法律思想與法制建設試析》，載陳俊強主編：《中國歷史文化新論：高明士教授八秩嵩壽文集》，元華文創股份有限公司，2020 年版。

251. 韓尚宜：《中庸法律思想的義理建構——以宋明之際儒學禮法觀為考察視角》，田立主編：《山東大學法律評論》（2018），山東大學出版社，2020 年版。

252. 韓偉：《法律起源與秩序生成：荀子法思想重釋》，《原道》2019 年第 2 期。

253. 解啟揚：《現代性視域下的韓非法思想研究》，《中國政法大學學報》2020 年第 4 期。

254. 李白：《傳統法家思想與當代中國法律方法的自主性建構》，陳金釗、謝暉主編：《法律方法》第 32 卷，研究出版社，2020 年版。

255. 劉廣安：《荀子禮法思想的再認識》，載朱勇主編：《中華法系》（第十三卷），法律出版社，2020 年版。

256. 祁志祥：《孟子的「仁政」學說及其思想結構——重寫先秦思想史系列》，《中國政法大學學報》2020 年第 5 期。

257. 王蘭萍：《〈商君書〉法治主義思想新探》，《甘肅社會科學》2020 年第 6 期。

258. 徐橋：《從「非公室告」與「家罪」看秦律的立法思想》，盧建平主編：《北師大法律評論》（2020 年第 1 輯），社會科學文獻出版社，2020 年版。

259. 喻中：《有法所度：墨子的法治憧憬》，《中國高校社會科學》2020 年第
6 期。

260. 張振華：《清華簡〈子產〉篇的法政思想探釋——兼論〈子產〉篇的思想
傾向及其學派歸屬》，載朱勇主編：《中華法系》（第十三卷），法律出版
社，2020 年版。

261. 周冰：《孔子「正名」思想的法理意涵》，《原道》2019 年第 2 期。

262. 周祖成、李四川：《自然秩序與體用：〈太極圖說〉的法哲學思想》，《學
術界》2020 年第 3 期。

第五章　中國近現代法律思想史

1. 程燎原：《「洋貨」觀照下的「故物」——中國近代論評法家「法治」思想的路向與歧見》，《現代法學》2011 年第 3 期。

2. 華友根：《辛亥革命元勳黃興法律思想初探》，《政治與法律》2011 年第 10 期。

3. 李欣榮：《清末關於「無夫姦」的思想論爭》，《中華文史論叢》2011 年第 3 期。

4. 劉練軍：《湯壽潛立憲思想之當代省思》，《法學》2011 年第 5 期。

5. 劉全娥：《雷經天新民主主義司法思想論》，《法學研究》2011 年第 3 期。

6. 劉雲虹：《論孫中山監察思想在國民政府時期的實踐（1931～1949）》，載張憲文主編：《民國研究》第 17 輯，社科文獻出版社，2011 年版。

7. 王銳：《近代中國新法家思潮略論》，《學術論壇》2011 年第 6 期。

8. 于世海、何敘：《論梁啟超教育法學思想及其歷史貢獻》，《求索》2011 年第 11 期。

9. 喻中：《近代法治信念是怎樣形成的：一個思想史的考察》，《法學論壇》2011 年第 1 期。

10. 喻中：《顯隱之間：百年中國的「新法家」思潮》，《華東政法大學學報》2011 年第 1 期。

11. 喻中：《辛亥革命與梁啟超單一制國家結構思想的形成》，《中國法學》2011 年第 4 期。

12. 張兆凱、譚建華：《近現代湖南人的法制思想與歷史使命》，《湖南科技大學學報》2011 年第 5 期。

13. 崔敏：《董必武民主法治思想及其歷史命運》，《甘肅政法學院學報》2012 年第 5 期。

14. 郭相宏：《簡論孫中山晚年法治思想的轉變》，《法學雜誌》2012 年第 12 期。

15. 吳炫、喬媛媛：《章太炎新法家思想的得與失》，《河北學刊》2012 年第 5 期。

16. 尤俊意：《試論董必武法制思想及其當代意義——以「依法辦事」的「法制觀念」為視角》，《政治與法律》2012 年第 12 期。

17. 李偉：《傳統法律思想研究的近現代嬗變》，《北方法學》2013 年第 6 期。

18. 秦凌、周新娟：《孫中山部門法思想探析》，《湖南社會科學》2014 年第 1 期。

19. 魏義霞：《康有為視界中的管子》，《吉林大學社會科學學報》2014 年第 5 期。

20. 周鵬宇：《論民主革命時期謝覺哉憲政思想體系之初成》，《河北法學》2014 年第 11 期。

21. 程燎原：《法家的解放——以〈勸學篇〉引發的論爭為中心》，《法學論壇》2015 年第 3 期。

22. 華友根：《宋教仁民主與愛國之法律思想研究》，《政治與法律》2015 年第 3 期。

23. 喬松林：《胡適與近代諸子學研究的轉型——以胡適的法家研究為中心》，《安徽史學》2015 年第 3 期。

24. 宋秉武、楊棟：《五四時期陳獨秀法律思想述論》，《蘭州大學學報》2015 年第 6 期。

25. 孫德鵬：《章太炎與中國近代法律觀》，載《人大法律評論》編輯委員會組編：《人大法律評論》2015 年卷第 2 輯，法律出版社，2015 年版。

26. 孫萬懷：《民眾心態與死刑存留分析——以魯迅思想為藍本進行的考察》，《法學評論》2015 年第 4 期。

27. 孫堯天：《章太炎的荀學研究與近代法家的復興——從晚清「孟、荀之爭」說起》，《杭州師範大學學報》2015 年第 2 期。

28. 王培松：《淺析孫中山土地思想與法律實踐的背離——以《廣東田土業佃保證章程》為考察對象》，《中國政法大學學報》2015 年第 2 期。

29. 魏治勳:《新法家的「國家主義」形式法治觀批判》,《法學論壇》2015 年第 3 期。

30. 陳璽:《馬錫五法律思想對「青天文化」的繼受與發展》,《山東科技大學學報》2016 年第 6 期。

31. 陳新宇:《戊戌時期康有為法政思想的嬗變——從〈變法自強宜倣泰西設議院折〉的著作權爭議切入》,《法學家》2016 年第 5 期。

32. 陳煜:《「從『古微』到『師夷』——魏源的思想轉型與近代思潮的開端」》,《揚州大學學報》2016 年第 5 期。

33. 韓久龍:《「以黨治國」理論下的胡漢民法律思想》,張生主編:《中國法律近代化論集(第三卷)》,中國政法大學出版社,2016 年版。

34. 賴駿楠:《梁啟超政治思想中的「個人」與「國家」——以「1903 年轉型」為核心考察對象》,《清華法學》2016 年第 3 期。

35. 李鳴:《法制為先持法必嚴——洪仁玕法律思想芻議》,載朱勇主編:《中華法系》(第八卷),法律出版社,2016 年版。

36. 李鳴:《因勢變法師夷制夷——魏源法律思想探微》,載朱勇主編:《中華法系》(第七卷),法律出版社,2016 年版。

37. 馬成:《謝覺哉的新民主主義民主憲政思想》,《蘭臺世界》2016 年第 3 期。

38. 王銀宏:《端方法政思想論析》,張生主編:《中國法律近代化論集(第三卷)》,中國政法大學出版社,2016 年版。

39. 魏治勳:《近代新法家的法治主義思想建構及其時代功用》,《東方法學》2016 年第 4 期。

40. 薛鋒、苑素梅:《清末修律中法理派人權思想的進步性及當代價值》,《北方論叢》2016 年第 4 期。

41. 喻中:《法家分光鏡下的中國現代思潮》,《文史哲》2016 年第 5 期。

42. 喻中:《法治主義及其對立面:梁啟超對法家思想的界分》,《社會科學戰線》2016 年第 1 期。

43. 喻中:《講法治的法理學家:胡適對先秦法家的理解》,《比較法研究》2016 年第 5 期。

44. 喻中:《論梁啟超對權利義務理論的貢獻》,《法商研究》2016 年第 1 期。

45. 張倩、江國華:《王寵惠憲法思想》,《河北法學》2016 年第 11 期。

46. 周子良:《閻錫山的法律思想與山西村治》,張生主編:《中國法律近代

化論集（第三卷）》，中國政法大學出版社，2016 年版。

47. 蔡高強、陳露：《論毛澤東外交理論與實踐的國際法思想》，載程波主編：《湘江法律評論》第 14 卷，湘潭大學出版社，2017 年版。

48. 蔡詩敏：《李達法學思想的形成發展軌跡》，《湖北民族學院學報》2017 年第 1 期。

49. 程燎原：《常燕生的「新法家思想」》，《南通大學學報》2017 年第 3 期。

50. 董志鵬：《國家主義與團體統制——馬寅初工商社團立法思想的演進理路》，載饒傳平主編：《近代法律史研究（第 2 輯）：近代法律人的世界》，社會科學文獻出版社，2017 年版。

51. 段凡：《論沈家本司法人道主義思想及其歷史意義》，《法學評論》2017 年第 2 期。

52. 范小渝：《王寵惠憲政思想探析》，載朱勇主編：《中華法系》（第十卷），法律出版社，2017 年版。

53. 郭國祥、肖昭：《沈鈞儒法制思想探析》，《湖湘論壇》2017 年第 2 期。

54. 華友根：《張之洞的法律思想（一）》，《衡水學院學報》2017 年第 5 期。

55. 黃禮登：《禮法論爭中的失蹤者：赫善心的生平與思想》，《華東政法大學學報》2017 年第 2 期。

56. 賴駿楠：《晚清梁啟超憲法思想中的「人民程度」問題》，載饒傳平主編：《近代法律史研究（第 2 輯）：近代法律人的世界》，社會科學文獻出版社，2017 年版。

57. 李鳴：《一秉於禮、嚴刑致安——曾國藩法律思想探微》，載朱勇主編：《中華法系》第九卷，中國政法大學 2017 年版。

58. 李永林：《烏蘭夫民族法制思想的當代審視》，《內蒙古社會科學》2017 年第 2 期。

59. 劉國有：《李大釗法律思想中的英美影響》，載饒傳平主編：《近代法律史研究（第 2 輯）：近代法律人的世界》，社會科學文獻出版社，2017 年版。

60. 劉舟祺：《試論董康司法改良思想中的兩種轉向及其成因》，載陳景良、鄭祝君主編：《中西法律傳統》（第 13 卷），中國政法大學出版社，2017 年版。

61. 倪斐：《公共利益法律化——基於思想流變的中西方考察》，《江海學刊》

2017 年第 2 期。

62. 邱志紅：《姚榮澤案再認識——兼論孫中山的司法思想》，載趙國輝主編：《交涉中的「西法東漸」學術研討會論文集》，中國政法大學出版社，2017 年版。

63. 宋智敏：《清末民初章士釗行政裁判思想探析》，《湖南科技大學學報》2017 年第 4 期。

64. 孫康：《認識法學家朱執信：芻議朱執信憲政及法律思想的三個分期》，載陳景良、鄭祝君主編：《中西法律傳統》（第 13 卷），中國政法大學出版社，2017 年版。

65. 汪世榮：《論馬錫五的司法公正思想》，《山東科技大學學報》2017 年第 2 期。

66. 王小康：《錢穆法政思想述要》，載朱勇主編：《中華法系》第九卷，中國政法大學 2017 年版。

67. 向昆：《王寵惠司法改革思想探析》，載王繼軍主編：《三晉法學（第十二輯）》，中國法制出版社，2017 年版。

68. 徐亞文、高一飛：《論鄧小平法律監督思想》，《大連海事大學學報》2017 年第 4 期。

69. 嚴泉：《孫中山「五權憲法」思想：理論透視與歷史實踐》，《西部學刊》2017 年第 1 期。

70. 尹輝煌、饒傳平：《從「群眾」到「人民」：中國共產黨憲法觀念的變遷（1931～1949）》，載饒傳平主編：《近代法律史研究（第 2 輯）：近代法律人的世界》，社會科學文獻出版社，2017 年版。

71. 喻中：《劉師培闡釋法家的三個維度》，《南通大學學報》2017 年第 3 期。

72. 喻中：《無冕之君與富強之具——從美國憲法的政治角色看中國憲法的法家背景》，《社會科學戰線》2017 年第 1 期。

73. 喻中：《以術行法：熊十力建構的「韓非學」》，《法律科學》2017 年第 6 期。

74. 喻中：《著書定律：章太炎對法家的重述》，《甘肅社會科學》2017 年第 4 期。

75. 張濤：《論晚清憲政運動與民治精神》，載里贊主編：《法律史評論》（第 9 卷），法律出版社，2017 年版。

76. 鄭穎慧：《民族主義視角下的孫中山法治思想解讀》，《蘇州科技大學學

報》2017 年第 4 期。

77. 朱曉璐：《李達憲法學思想探析》，《江漢論壇》2017 年第 5 期。

78. 莊澤晞：《梁啟超對〈民約論〉的接觸、認知及所受影響》，載陳景良、鄭祝君主編：《中西法律傳統》（第 13 卷），中國政法大學出版社，2017年版。

79. 莊澤晞：《梁啟超對盧梭〈民約〉的接觸、認知及所受影響》，載饒傳平主編：《近代法律史研究（第 2 輯）：近代法律人的世界》，社會科學文獻出版社，2017 年版。

80. 宇培峰：《蔡樞衡法律思想述評》，《政法論壇》2018 年第 3 期。

81. 蔣德海：《陳雲的反腐之問及其化解——陳雲民主法治思想研究》，《學術界》2019 年第 5 期。

82. 聶鑫：《吳經熊法學思想中的西方與東方》，《四川大學學報》2019 年第 6 期。

83. 王銳：《蒞民理政之要——〈五朝法律索隱〉的政治思想史解讀》，《杭州師範大學學報》2019 年第 1 期。

84. 張銳智：《黃遵憲對中國近代平等法律思想的貢獻探析》，《北方法學》2019 年第 3 期。

85. 董燕：《林語堂的法治思想及其侷限性》，《福建論壇（人文社會科學版）》2020 年第 2 期。

86. 侯欣一：《中國近現代法治進程的法理闡釋》，《南開學報（哲學社會科學版）》2020 年第 2 期。

87. 蔣慧：《論戊戌變法時期康有為的「立憲」思想》，載陳景良、鄭祝君主編、李棟執行主編：《中西法律傳統》第 15 卷，中國政法大學出版社，2020 年版。

88. 李啟成：《「宗旨」：沈家本法治理論的核心概念》，蔣志如、白牧蓉主編：《蘭大法律評論》第 1 輯，人民法院出版社，2020 年版。

89. 劉丹忱：《孫中山法治近代化思想中的創新》，載鄧慶平主編：《多元視域下的近世法律與中國社會》，中國政法大學出版社，2020 年版。

90. 邱靜遠：《依法治考：孫中山「考試權獨立」思想》，《學海》2020 年第 2 期。

第六章　中國少數民族法律史

1. 黃國信：《「苗例」：清王朝湖南新開苗疆地區的法律制度安排與運作實踐》，《清史研究》2011 年第 3 期。

2. 南傑‧隆英強：《探究中國本土法文化：清朝藏族法制的初步解讀》，《當代法學》2011 年第 3 期。

3. 洲塔、札西：《卓瑪阿柔部落政治法律形態考述》，《中國藏學》2011 年第 2 期。

4. 朱文惠：《1912～1940 年康藏糾紛的多方對話——以康巴觀點為例》，《中國藏學》2011 年第 S1 期。

5. 白京蘭：《清代邊疆多民族地區的國家法建設——以清代新疆刑事司法實踐中的法律適用為例》，《華中科技大學學報》2012 年第 6 期。

6. 包姝妹、寶日吉根：《援俗定例：清朝統治蒙古地區法律制度特點探究》，《清史研究》2012 年第 1 期。

7. 龔衛東：《西部少數民族傳統民間規則的法理辨析》，《求索》2012 年第 4 期。

8. 劉振宇：《中國古代民族法的歷史演進及其精神特質》，《法學雜誌》2012 年第 6 期。

9. 龍大軒：《羌族婚姻習慣法述論》，《廣西師範大學學報》2012 年第 2 期。

10. 馬青連、方慧：《清代西藏地區的法律適用特點考察》，《思想戰線》2012 年第 3 期。

11. 田慶鋒、蒙愛紅：《法治視域下的清代金瓶掣簽立法探析》，《河南師範大學學報》2012 年第 6 期。

12. 田慶鋒、王存河：《清代金瓶掣簽立法新論》，《西藏研究》2012 年第 5 期。

13. 田澍、邢蕾：《清代回疆司法控制研究綜述》，《西域研究》2012 年第 2 期。

14. 謝雄偉、馬青連：《清帝國對蒙古地區的刑事立法與司法特點》，《法學評論》2012 年第 5 期。

15. 周書堯、盤福東：《瑤族千家洞民族習慣法的歷史作用》，《社會科學家》2012 年第 9 期。

16. 白京蘭：《清末新疆建省與法律的一體化推進》，《西域研究》2013 年第 1 期。

17. 柏樺、馮志偉：《清代涉藏民刑案件研究與展望》，《西南大學學報》2013 年第 2 期。

18. 陳武強：《宋代藏族部落地區糾紛解決的法律機制》，《西藏研究》2013 年第 5 期。

19. 李向玉：《教化與律法：西南苗侗民族諺語的文化特徵與功能》，《廣西師範大學學報》2013 年第 3 期。

20. 尚緒芝、宗朋、張單寧：《略論明代邊疆治理的法律政策》，《山東社會科學》2013 年第 S2 期。

21. 申偉、朱佳林：《藏區法律衝突背後的利益博弈——基於民國時期甘南「楊麻案」的深度闡釋》，《蘭州大學學報》2013 年第 2 期。

22. 石伶亞：《近代苗疆商事習慣法研究——基於湘鄂渝黔邊區集市貿易的考察》，《史學月刊》2013 年第 4 期。

23. 田慶鋒、侯潔：《清代中國蒙藏地方立法中的藏傳佛教因素探析》，《西藏研究》2013 年第 3 期。

24. 楊文：《試論北宋經略河湟區域的蕃族「漢法」經濟法規》，《西藏研究》2013 年第 1 期。

25. 周友蘇、黃進：《近代西藏法律地位研究》，《西藏研究》2013 年第 1 期。

26. 白京蘭：《軍府體制下清代新疆的司法體系及運作》，《西域研究》2014 年第 3 期。

27. 白京蘭：《清代新疆法律的多元形態與邊疆治理——以伊斯蘭教法為中心》，《學術月刊》2014 年第 9 期。

28. 陳小潔：《〈成吉思汗法典〉探析》，《內蒙古社會科學》2014 年第 3 期。

29. 伏陽：《略論新疆獨立司法機構的建立》，《西域研究》2014 年第 3 期。

30. 高曉波：《英國參與下近代藏邊社會糾紛的產生及其解決——以藏尼、大白、尕旦寺糾紛為考察中心》，《西藏研究》2014 年第 1 期。

31. 何金山、朝魯門：《蒙古族古代游牧特色的罰畜刑處罰規定》，《內蒙古社會科學》2014 年第 2 期。

32. 黃小箏：《現代法治敘事中的習慣法文化——以廣西金秀瑤族石牌制為例》，《社會科學家》2014 年第 7 期。

33. 康欣平、陳明：《「冤案」而非「疑案」：與清末民初藏局相關的鍾穎死刑案之分析》，《西藏研究》2014 年第 1 期。

34. 邵方：《西夏的民族習慣法》，《中國政法大學學報》2014 年第 6 期。

35. 蘇潔：《論民國時期邊疆司法改革原則——以西康司法改革為例》，《貴州社會科學》2014 年第 11 期。

36. 王東平：清代天山南路地區的刑案現場勘驗人員》，《西域研究》2014 年第 3 期。

37. 吳才茂：《理講、鳴神與鳴官：民間文獻所見明清黔東南糾紛解決機制的多元化研究》，載常建華主編：《中國社會歷史評論》第 15 卷，天津古籍出版社，2014 年版。

38. 閆文博、邢巍巍：《法律衝突與理性選擇——「死給」現象中民族習慣法與國家法的衝突與互動》，《廣西社會科學》2014 年第 1 期。

39. 柏樺、馮志偉：《清代涉藏民刑案件研究與展望》，載周潤年、喜饒尼瑪、韓覺賢主編：《藏族傳統法律研究論輯》，中央民族大學出版社，2015 年版。

40. 邊巴拉姆：《國際法視域中民國時期的西藏地方》，《中國藏學》2015 年第 3 期。

41. 陳柏萍：《藏族傳統司法制度初探》，載周潤年、喜饒尼瑪、韓覺賢主編：《藏族傳統法律研究論輯》，中央民族大學出版社，2015 年版。

42. 陳武強：《宋代藏族部落地區糾紛解決的法律機制》，載周潤年、喜饒尼瑪、韓覺賢主編：《藏族傳統法律研究論輯》，中央民族大學出版社，2015 年版。

43. 陳永勝：《松贊干布時期藏族基本法律制度初探》，載周潤年、喜饒尼瑪、

韓覺賢主編：《藏族傳統法律研究論輯》，中央民族大學出版社，2015 年版。

44. 程婧瑋：《從法律的視角看西藏》，載周潤年、喜饒尼瑪、韓覺賢主編：《藏族傳統法律研究論輯》，中央民族大學出版社，2015 年版。

45. 程澤時：《民國初年苗疆之「寨款」理訟——以清水江文書為中心》，載楊正根、張澤濤主編：《民族法學評論（第 10 卷）》，法律出版社，2015 年版。

46. 次仁潘多：《試析吐蕃賠償命價標準法》，載周潤年、喜饒尼瑪、韓覺賢主編：《藏族傳統法律研究論輯》，中央民族大學出版社，2015 年版。

47. 大原良通：《吐蕃的法律文書》，載周潤年、喜饒尼瑪、韓覺賢主編：《藏族傳統法律研究論輯》，中央民族大學出版社，2015 年版。

48. 高曉波、田素美：《軍閥參與下近代藏邊社會糾紛的產生及其解決——以馬家軍閥參與下甘青藏邊社會糾紛解決為考察中心》，《西藏研究》2015 年第 5 期。

49. 貢保札西、瓊措：《論藏族傳統法律文化及其社會作用》，載周潤年、喜饒尼瑪、韓覺賢主編：《藏族傳統法律研究論輯》，中央民族大學出版社，2015 年版。

50. 韓小兵、喜饒尼瑪：《立法視角下的西藏人權保障歷程》，載周潤年、喜饒尼瑪、韓覺賢主編：《藏族傳統法律研究論輯》，中央民族大學出版社，2015 年版。

51. 韓小兵、喜饒尼瑪：《中國西藏藏族文化權利的法律保障》，載周潤年、喜饒尼瑪、韓覺賢主編：《藏族傳統法律研究論輯》，中央民族大學出版社，2015 年版。

52. 何峰：《從藏巴汗〈十六法〉看舊西藏的人權》，載周潤年、喜饒尼瑪、韓覺賢主編：《藏族傳統法律研究論輯》，中央民族大學出版社，2015 年版。

53. 何峰：《論藏族僧尼的法律地位》，載周潤年、喜饒尼瑪、韓覺賢主編：《藏族傳統法律研究論輯》，中央民族大學出版社，2015 年版。

54. 何劍鋒：《藏族習慣法與藏區社會穩定問題研究》，載周潤年、喜饒尼瑪、韓覺賢主編：《藏族傳統法律研究論輯》，中央民族大學出版社，2015 年版。

55. 侯文昌、多曉萍：《唐代吐蕃土地買賣法律制度探蠡》，《中國藏學》2015年第 3 期。

56. 華熱·多傑：《藏族部落糾紛解決制度探析》，載周潤年、喜饒尼瑪、韓覺賢主編：《藏族傳統法律研究論輯》，中央民族大學出版社，2015 年版。

57. 黎同柏：《淺析吐蕃王朝法律的效力淵源》，載周潤年、喜饒尼瑪、韓覺賢主編：《藏族傳統法律研究論輯》，中央民族大學出版社，2015 年版。

58. 劉藝工：《藏族成文立法的演變及特點探議》，載周潤年、喜饒尼瑪、韓覺賢主編：《藏族傳統法律研究論輯》，中央民族大學出版社，2015 年版。

59. 柳岳武：《清末藩部地區籌備司法改良探微》，《中國邊疆史地研究》2015年第 2 期。

60. 隆英強：《淺談五世達賴喇嘛時期的〈十三法典〉》，載周潤年、喜饒尼瑪、韓覺賢主編：《藏族傳統法律研究論輯》，中央民族大學出版社，2015 年版。

61. 馬青連、方慧：《清代西藏地區的法律適用特點考察》，載周潤年、喜饒尼瑪、韓覺賢主編：《藏族傳統法律研究論輯》，中央民族大學出版社，2015 年版。

62. 牟軍：《西藏舊法在佛教發展中的作用》，載周潤年、喜饒尼瑪、韓覺賢主編：《藏族傳統法律研究論輯》，中央民族大學出版社，2015 年版。

63. 尼瑪：《關於新舊西藏人權狀況》，載周潤年、喜饒尼瑪、韓覺賢主編：《藏族傳統法律研究論輯》，中央民族大學出版社，2015 年版。

64. 牛綠花：《框架及其特點與啟示》，載周潤年、喜饒尼瑪、韓覺賢主編：《藏族傳統法律研究論輯》，中央民族大學出版社，2015 年版。

65. 諾布旺丹：《〈十六法〉與十七世紀初期的藏族社會》，載周潤年、喜饒尼瑪、韓覺賢主編：《藏族傳統法律研究論輯》，中央民族大學出版社，2015 年版。

66. 彭宇文：《關於藏族古代法律及法律文化的若干思考》，載周潤年、喜饒尼瑪、韓覺賢主編：《藏族傳統法律研究論輯》，中央民族大學出版社，2015 年版。

67. 闕成平：《試論兩藏古代法律與佛教根本戒律的暗合》，載周潤年、喜饒

尼瑪、韓覺賢主編：《藏族傳統法律研究論輯》，中央民族大學出版社，2015 年版。

68. 史筠：《清王朝治理西藏的基本法律》，載周潤年、喜饒尼瑪、韓覺賢主編：《藏族傳統法律研究論輯》，中央民族大學出版社，2015 年版。

69. 宋玲：《試論中國傳統民族法制的「多元」與「統一」——以清代為中心》，《政法論壇》2015 年第 6 期。

70. 孫鎮平：《清末西藏治外法權的確立初探》，載周潤年、喜饒尼瑪、韓覺賢主編：《藏族傳統法律研究論輯》，中央民族大學出版社，2015 年版。

71. 唐犀：《元代二元民族法律觀念初探》，《中國政法大學學報》2015 年第 3 期。

72. 田歡：《清代法律檔案所見維吾爾社會中的女性地位》，《深圳大學學報》2015 年第 1 期。

73. 王林敏：《論古代藏區賠命價的制度形態與演進路徑：從藏區行政區劃的二元結構切入》，載謝暉、陳金釗、蔣傳光主編：《民間法》第 15 卷，廈門大學出版社，2015 年版。

74. 王培松：《論羌族習慣法與國家法的衝突與協調——以北川羌族自治縣為例》，載朱勇主編：《中華法系》（第六卷），法律出版社，2015 年版。

75. 衛絨娥、杜莉海：《西藏傳統法律文化對現代社會的影響》，載周潤年、喜饒尼瑪、韓覺賢主編：《藏族傳統法律研究論輯》，中央民族大學出版社，2015 年版。

76. 衛絨娥、孫文革：《論西藏地方法制區域特徵》，載周潤年、喜饒尼瑪、韓覺賢主編：《藏族傳統法律研究論輯》，中央民族大學出版社，2015 年版。

77. 魏瑤：《清代黔東南地區的基層訴訟——以〈清水江文書〉為研究中心》，載朱勇主編：《中華法系》（第六卷），法律出版社，2015 年版。

78. 邢蕾：《社會治理視閾下〈回疆則例〉的立法考察》，《西域研究》2015 年第 4 期。

79. 楊士宏：《吐蕃法律的文化淵源》，載周潤年、喜饒尼瑪、韓覺賢主編：《藏族傳統法律研究論輯》，中央民族大學出版社，2015 年版。

80. 袁劍：《清代以前西藏司法特徵略論》，載周潤年、喜饒尼瑪、韓覺賢主編：《藏族傳統法律研究論輯》，中央民族大學出版社，2015 年版。

81. 張京凱：《從冕寧檔案看清朝邊疆治理的法治經驗》，載陳煜主編：《新路集——第五屆張晉藩法律史學基金會徵文大賽獲獎作品集》（第五集），中國政法大學出版社，2015 年版。

82. 張培中：《從法律制度看舊西藏的殘酷與野蠻》，載周潤年、喜饒尼瑪、韓覺賢主編：《藏族傳統法律研究論輯》，中央民族大學出版社，2015 年版。

83. 張雙志、張羽新：《清代民族立法略論》，載周潤年、喜饒尼瑪、韓覺賢主編：《藏族傳統法律研究論輯》，中央民族大學出版社，2015 年版。

84. 張萬軍：《論理藩院在清代蒙古地區刑事立法中的作用》，《河北法學》2015 年第 3 期。

85. 趙音：《略論清朝中央政府轄治西藏的法律》，載周潤年、喜饒尼瑪、韓覺賢主編：《藏族傳統法律研究論輯》，中央民族大學出版社，2015 年版。

86. 周潤年：《從《十六法典》看舊西藏》，載周潤年、喜饒尼瑪、韓覺賢主編：《藏族傳統法律研究論輯》，中央民族大學出版社，2015 年版。

87. 周潤年：《西藏古代〈十六法典〉的內容及其特點》，載周潤年、喜饒尼瑪、韓覺賢主編：《藏族傳統法律研究論輯》，中央民族大學出版社，2015 年版。

88. 包思勤、蘇欽：《清朝蒙古律「存留養親」制度形成試探》，《民族研究》2016 年第 1 期。

89. 邊吉：《研究清代西藏史的重要參考書——〈清代治理新疆政策法規文獻彙編〉評介》，《中國藏學》2016 年第 2 期。

90. 陳璽、王斌通：《治國理政中的傳統民族法律智慧》，《西北大學學報》2016 年第 6 期。

91. 陳英慧：《從滿族說部看滿族的戰爭法文化》，《黑龍江民族叢刊》2016 年第 1 期。

92. 次仁片多：《大司徒降曲堅贊法律思想略述》，《西藏大學學報》2016 年第 4 期。

93. 馮志偉：《清代藏區糾紛案件的處理程序——以藏族習慣法為範圍的考察》，《中央民族大學學報》2016 年第 1 期。

94. 高其才：《當今瑤山的神判習慣法——以廣西金秀六巷和田一起燒香詛

咒堵路糾紛為考察對象》，《法制與社會發展》2016 年第 1 期。

95. 關穎雄：《蒙古族環境習慣法流變及其現代化進路》，《貴州民族研究》2016 年第 2 期。

96. 黃山杉：《宋朝民族立法與司法問題研究》，《思想戰線》2016 年第 1 期。

97. 李鳴：《「試論少數民族習慣法的學術定位」》，《雙語學苑》2016 年第 1 期。

98. 李鵬翔：《再論匈奴刑罰「軋」》，載周偉洲主編：《西北民族論叢》第十三輯，社會科學文獻出版社，2016 年版。

99. 連宏：《系統論視野下的滿族法文化結構要素分析》，《黑龍江民族叢刊》2016 年第 1 期。

100. 劉蕊：《古代中原地區與少數民族地區的贖刑制度探析》，《北方法學》2016 年第 4 期。

101. 劉宇：《滿族法文化活態調查研究——一種民族嘉年華法文化的興起》，《黑龍江民族叢刊》2016 年第 1 期。

102. 阮興：《清末甘南藏族聚居區的法與社會秩序——基於光緒年間黑錯與買吾的衝突為個案》，《青海民族研究》2016 年第 1 期。

103. 沈真伊、張曉蓓：《清代涼山彝族地區末世知縣的法政人生——章慶史實考》，《西南民族大學學報》2016 年第 9 期。

104. 石小川：〈從「還穀種」到媒妁婚——略析湘西苗族的婚姻形式及其嬗變，載朱勇主編：《中華法系》（第七卷），法律出版社，2016 年版。

105. 宋朝忠：《清末我國民族自治法制轉型研究——以國家與邊疆危機下人口增長為視角》，載朱勇主編：《中華法系》（第八卷），法律出版社，2016 年版。

106. 蘇亦工：《清律回民相關條例及其影響》，載蘇亦工、謝晶等編：《舊律新詮——〈大清律例〉國際研討會論文集（第一卷）》，清華大學出版社，2016 年版。

107. 覃冠文：《壯族習慣法的現代化進路——以訴訟文化為視角》，《湖北民族學院學報》2016 年第 5 期。

108. 王楚雲、賀蕙蕙：《藏族民事習慣法與現代制定法的衝突及其消解》，《湖北民族學院學報》2016 年第 5 期。

109. 王虹懿:〈我國利用少數民族習慣法保護文化權利的路徑探索——兼論習慣法的司法運用〉,載朱勇主編:《中華法系》(第七卷),法律出版社,2016 年版。

110. 溫丙存、李韶民:《民族習慣法與國家法的選擇性親和——基於計劃生育領域民族習慣法文本的個案考察》,《湖北民族學院學報》2016 年第 2 期。

111. 張萬軍:《論清代蒙古土默特地區刑事法律倫理化趨勢》,《社會科學論壇》2016 年第 10 期。

112. (日)佐藤憲行:《『理藩院則例』の一規定とその背景-道光 3 年のハルハ居住民人家屋焼き払い　事件を事例に-》,載沈衛榮主編:《西域歷史語言研究集刊》第九輯,科學出版社,2017 年版。

113. 白京蘭、張建江:《新疆地區法律的歷史格局及演進——兼論多元法律文化與邊疆治理》,《貴州民族研究》2017 年第 1 期。

114. 曾皓:《中印邊界錫金段的歷史由來與法律依據——兼議印度非法越界行為的國際法律責任》,《中國藏學》2017 年第 3 期。

115. 陳麗娜、楊亭:《民國時期的秤碼糾紛及其裁斷——以湖南省保靖縣鹽業檔案為研究對象》,《湖北民族學院學報》2017 年第 5 期。

116. 池建華:《通過村規民約的民事生活秩序維護——以 1949 年前的錦屏文書為例》,《貴州民族研究》2017 年第 1 期。

117. 杜文忠:《「賠命價」習慣的司法價值及其與現行法律的會通》,載王允武、李劍主編:《民族法學理論與熱點問題研究》,法律出版社,2017 年版。

118. 馮海濤:《毛南族習慣法及其變遷——以貴州惠水縣高鎮鎮交椅村為例》,《貴州民族研究》2017 年第 7 期。

119. 馮露:《法律多元視角下的涼山彝族民間調解研究》,《湖北民族學院學報》2017 年第 2 期。

120. 馮志偉:《恩威並濟:清代藏區司法的基本方略》,《中央民族大學學報》2017 年第 3 期。

121. 伏陽:《哈薩克族傳統法律制度研究》,《伊犁師範學院學報》2017 年第 2 期。

122. 高其才:《潑糞阻止建房與固有習慣法——以廣西金秀大樟鄉三古村快

圍屯的一起名譽侵權案為對象》，載沈巋、彭林、丁鼎主編：《傳統禮治與當代軟法》，北京大學出版社，2017 年版。

123. 葛天博：《清代四川寧遠地區土司權力的國家法律調控研究》，《湖北民族學院學報》2017 年第 4 期。

124. 郭麗萍：《央地關係視閾下民族區域自治的配套立法研究》，《湖北民族學院學報》2017 年第 2 期。

125. 郭倩倩：《藏區「賠命價」習慣法生成與演化的法律經濟學解釋》，載杜睿哲、王勇主編：《西北法律文化資源》第一輯，中國政法大學 2017 年版。

126. 何真：《從傳統德古調解到新型德古調解》，載王允武、李劍主編：《民族法學理論與熱點問題研究》，法律出版社，2017 年版。

127. 後宏偉：《藏族習慣法回潮及其原因探析》，《甘肅政法學院學報》2017 年第 4 期

128. 胡小安：《習慣法、文化權力與族群關係：對桂林靈川一通清代碑文的解讀》，《廣西民族大學學報》2017 年第 1 期。

129. 喇明英、徐學書：《晚清民國時期川西北民族地區實施的法規類型研究》，《社會科學研究》2017 年第 2 期。

130. 李春：《西藏藏族婚姻糾紛調處主體及其現代嬗變》，載杜睿哲、王勇主編：《西北法律文化資源》第一輯，中國政法大學 2017 年版。

131. 李守良：《清末甘肅循化廳少數民族訴訟策略探析》，《中國邊疆史地研究》2017 年第 2 期。

132. 李守良：《因俗而治下的司法判決執照論析——以清末甘肅循化廳少數民族訴訟為視角》，《青海民族研究》2017 年第 3 期。

133. 李文軍：《遼代契丹爭正統活動述略》，載王允武、李劍主編：《民族法學理論與熱點問題研究》，法律出版社，2017 年版。

134. 李雪菁：《瑤族刑事習慣法與制定法的衝突與對接》，《廣西民族大學學報》2017 年第 3 期。

135. 梁利華：《從阿訇調解到能人調解：回族習慣法在糾紛調解中的「變」和「不變」》，《中央民族大學學報》2017 年第 3 期。

136. 劉冠博、張曉萍：《淺談公安執法中民族習慣法與現行法律的調適》，《黑龍江民族叢刊》2017 年第 2 期。

137. 劉雁翎：《清水江文書中的苗族、侗族環境生態習慣法》，《貴州民族研究》2017 年第 5 期。

138. 婁貴品：《民族主義與民國制憲：「各民族一律平等」入憲考論》，《貴州民族研究》2017 年第 7 期。

139. 馬成俊：《清末甘肅循化廳應對少數民族訴訟策略探析》，《中國邊疆史地研究》2017 年第 2 期。

140. 馬敬、虎有澤：《「口喚」、習慣法與基層司法實踐——甘肅省東鄉族自治縣 BG 人民法庭個案考察》，《北方民族大學學報》2017 年第 5 期。

141. 蒙古勒呼：《清代蒙古秋朝審考》，載沈衛榮主編：《西域歷史語言研究集刊》第九輯，科學出版社，2017 年版。

142. 南傑・隆英強：《客觀與理性：藏傳佛教哲學思想與法治思想相通相應的一點認識》，載杜睿哲、王勇主編：《西北法律文化資源》第一輯，中國政法大學，2017 年版。

143. 南傑・隆英強：《中國本土民事法律文化：吐蕃王朝時期的民事法律》，載張仁善主編：《南京大學法律評論》（2017 年春季卷），法律出版社，2017 年版。

144. 寧珠達美：《民國時期西藏宗教法制的政治學研究——以〈喇嘛轉世辦法〉為例》，《中國藏學》2017 年第 1 期。

145. 牛絲花：《依法治藏中發揮藏族習慣法積極功能的路徑研究》，載杜睿哲、王勇主編：《西北法律文化資源》第一輯，中國政法大學，2017 年版。

146. 潘志成、吳大華：《清代開闢苗疆後清水江流域糾紛解決機制變遷研究》，《廣西民族研究》2017 年第 1 期。

147. 彭振：《民族習慣法在鄉村善治中的地位和功能》，《廣西民族大學學報》2017 年第 3 期。

148. 強玫：《清代邊疆治理經驗研究——以宗教事務管理立法為視角》，載杜睿哲、王勇主編：《西北法律文化資源》第一輯，中國政法大學，2017 年版。

149. 青措加、多傑措：《藏族婚姻習慣法司法適用研究——以西藏那曲尼瑪縣為例》，《西藏大學學報》2017 年第 2 期。

150. 冉瑞燕：《歷史上武陵山區民間習慣法與國家法的關係》，《中南民族大

學學報》2017 年第 3 期。

151. 阮興：《清末甘南藏區部落糾紛解決形態研究──以光緒十六年卡家與沙溝的爭佃衝突為中心》，《中國邊疆史地研究》2017 年第 2 期。

152. 阮興：《晚清安多藏區的寺院與社會糾紛──以同治、光緒年間卡加與隆哇的衝突為例》，《江漢論壇》2017 年第 3 期。

153. 薩其榮桂：《古代蒙古人的犯罪觀與刑罰文化》，《內蒙古社會科學》2017 年第 4 期。

154. 盛輝、顧文斌：《少數民族習慣法的國家法功能調試價值探析──基於非正式制度視域》，《廣西民族研究》2017 年第 2 期。

155. 史書丞：《從國際法視角解讀 13 世紀前後蒙古族法律變遷》，《黑龍江民族叢刊》2017 年第 2 期。

156. 史煒：《少數民族刑事和解習慣法的現代思考》，《貴州民族研究》2017 年第 5 期。

157. 塔娜：《論〈大札撒〉中的刑法制度》，《貴州民族研究》2017 年第 10 期。

158. 唐勇：《李維漢民族法制思想對民族工作具有指導意義》，《中國民族報》2017 年 2 月 24 日。

159. 田歡：《晚清新疆法律政策的調整與實踐》，《廣東社會科學》2017 年第 4 期。

160. 王虹懿：《從「聖諭宣講」看清代少數民族地區的法制教育──以雲南武定彝族那氏土司地區為例》，《貴州民族研究》2017 年第 11 期。

161. 王杰：《能動司法是少數民族習慣法司法適用的歷史契機》，載王允武、李劍主編：《民族法學理論與熱點問題研究》，法律出版社，2017 年版。

162. 王瑞萍：《西北少數民族習慣法向國家法的轉變》，《甘肅社會科學》2017 年第 3 期。

163. 肖傑、谷泓：《美國〈西藏政策法〉研究──歷史追溯、立法分析與政策評估》，《中國藏學》2017 年第 1 期。

164. 謝開鍵：《國家法與習慣法的扞格：以〈天柱文書〉中的侗族離婚訴訟案為例》，《安徽史學》2017 年第 2 期。

165. 熊徵：《藏族傳統糾紛解決觀與藏區群體性事件干預機制》，《中央民族大學學報》2017 年第 3 期。

166. 熊徵：《藏族農牧村傳統糾紛解決觀與群體性事件干預機制》，載杜睿哲、王勇主編：《西北法律文化資源》第一輯，中國政法大學，2017 年版。

167. 徐曉光：《西南地區少數民族民間法推動婚俗改革的實踐——以侗族、苗族的碑文資料為基礎》，《社會科學輯刊》2017 年第 2 期。

168. 許丹琳：《清代黔東南清水江少數民族糾紛文書與現代民法公序良俗原則的契合》，《貴州民族研究》2017 年第 7 期。

169. 薛夢寒：《少數民族刑事習慣法與刑法的衝突與化解》，《貴州民族研究》2017 年第 1 期。

170. 楊丹：《少數民族習慣在行政訴訟中的作用、性質和使用指導原則》，《湖北民族學院學報》2017 年第 2 期。

171. 楊崗營：《彝族法律思維的定位及其價值》，《政法論叢》2017 年第 5 期。

172. 楊華雙：《民主改革前土司制度下藏區傳統社會秩序的法律調控分析——以川、甘、青、滇地區為例》，載王允武、李劍主編：《民族法學理論與熱點問題研究》，法律出版社，2017 年版。

173. 楊莉、周樂鈞：《從〈衛拉特法典〉蠡測準噶爾部蒙古軍事文化嬗變》，《貴州民族研究》2017 年第 12 期。

174. 楊琳：《「崇儒重道」之策下金朝婚姻習慣法的演進與調適》，《北方文物》2017 年第 2 期。

175. 楊雅妮：《神判之遺：藏族「吃咒」的文化解讀及其當代價值——以甘南藏族自治州為例》，《宗教學研究》2017 年第 3 期。

176. 楊振寧：《少數民族地區司法困境啟示——基於「馬背上的法庭」的敘事》，載杜睿哲、王勇主編：《西北法律文化資源》第一輯，中國政法大學 2017 年版。

177. 殷秀峰：《法律政策學視角下的民族政策法制化研究》，載朱勇主編：《中華法系》第九卷，中國政法大學 2017 年版。

178. 張科：《清代安多藏區的法制建設與社會控制》，《中國邊疆史地研究》2017 年第 2 期。

179. 張偉：《轉型時期的西藏民事司法調解制度研究》，《西藏大學學報》2017 年第 3 期。

180. 張小貴、龐曉林：《穆格山粟特文婚約譯注》，載包偉民、劉後濱《唐宋

歷史評論》（第三輯），社會科學文獻出版社，2017 年版。

181. 張陽陽：《清代黔東南契約習慣法與國家法的衝突與調適》，《原生態民族文化學刊》2017 年第 3 期。

182. 趙珊：《〈蒙古律例〉：神明裁判的餘音與誠信價值的機理》，《理論觀察》2017 年第 2 期。

183. 趙盛梅、徐曉光、張婷：《王陽明西南少數民族治理思想與實踐》，《貴州民族研究》2017 年第 12 期。

184. 蔡燕：《清代國家對西南少數民族婚姻的民族立法研究》，《青海民族研究》2018 年第 3 期。

185. 次仁片多：《西藏歷代法律制度與環境保護研究》，《西藏大學學報》2018 年第 2 期。

186. 崔超：《貴州文鬥寨苗族佃契的歷史法律特徵》，《青海民族研究》2018 年第 8 期。

187. 杜文忠：《「內地化」：清季民國康藏地區的法律治理》，《西南民族大學學報》2018 年第 5 期。

188. 韓樹偉：《黑水城出土西夏文契約文書之習慣法研究》，《青海民族研究》2018 年第 3 期。

189. 韓樹偉：《吐蕃契約文書之習慣法研究——以敦煌出土文書為中心》，《西藏大學學報》2018 年第 2 期。

190. 李洪濤：《多族同制的中華契約文化——以絲綢之路出土各族契約文獻為中心》，《青海民族研究》2018 年第 3 期。

191. 李守良：《鄉老與晚清循化廳藏區部落糾紛的訴訟審判》，《青海社會科學》2018 年第 2 期。

192. 李遠龍、李婕：《廣西隆林彝族法文化研究——廣西世居民族習慣法研究系列論文之八》，《廣西民族研究》2018 年第 4 期。

193. 羅將：《黑水城出土西夏文賣地契中的違約條款探析——兼與敦煌契約比較》，《青海民族研究》2018 年第 3 期。

194. 羅倫：《親屬原則到寬容原則——怒江地區傈僳族習慣法及其變遷》，《青海民族研究》2018 年第 1 期。

195. 馬青連：《多元視域下清代西藏地區法律制度的動態考察》，《鄭州大學學報》2018 年第 1 期。

196. 阮興：《晚清邊疆少數民族聚居區刑案中的承保人——以清代循化廳為研究區域的考察》，《青海社會科學》2018 年第 5 期。

197. 覃晚萍、魏文松：《仫佬族傳統法文化的傳承與發展探討》，《廣西民族研究》2018 年第 2 期。

198. 班瑪更珠：《略論吐蕃與北方草原民族的法律文化交流》，《中國藏學》2019 年第 2 期。

199. 蔡燕：論明清時期的土司承襲立法及其特點》，《貴州民族研究》2019 年第 7 期。

200. 朝克圖：《古代蒙古姦罪法制考論——以刑罰秩序的構建與調適為視角》，《原生態民族文化學刊》2019 年第 5 期。

201. 陳徐奉：《藏族牧區債務清理習慣及其當代價值》，《中央民族大學學報》2019 年第 3 期。

202. 丁君濤：《古絲綢之路上黑水城出土元代婚契研究》，《西北民族研究》2019 年第 4 期。

203. 何志文：《從出土文書看吐蕃統治西域時期的奴隸糾紛——以 P.T.1081〈關於吐谷渾莫賀延部落奴隸李央貝事訴狀〉為中心》，《西藏民族大學學報》2019 年第 1 期。

204. 李萌：《中亞絲路上的古鄯善國法律體系研究——以佉盧文書為主的考察》，《西南民族大學學報》2019 年第 2 期。

205. 李秋梅：《游牧文化視角下藏族古代動產法律制度探析》，《青海民族研究》2019 年第 1 期。

206. 李文軍：《國家制度變遷中的「邊疆資源」——遼代法制儒家化再思考》，《中央民族大學學報》2019 年第 4 期。

207. 林乾：《論雍正時期對西藏管理的制度化過程》，《民族研究》2019 年第 2 期。

208. 馬鴻慶：《淺析新疆哈薩克族財產繼承習俗與國家制定法的衝突——以一起草場糾紛的調查處理為例》，載朱勇主編：《中華法系》（第十二卷），法律出版社，2019 年版。

209. 聶焱：《貴州荔波瑤麓〈同治婚規碑〉再考》，《貴州民族研究》2019 年第 9 期。

210. 宋玲：《清代律學轉型舉隅——以吳翼先〈新疆條例說略〉為中心》，《中

央民族大學學報》2019 年第 5 期。

211. 孫德朝、敖森、周紅紅：《彝族習慣法與摔跤規則的關係》，《體育學刊》2019 年第 3 期。

212. 王丹：《蒙古族刑事習慣法在當代的適用及調適研究》，《雲南民族大學學報》2019 年第 3 期。

213. 王宏慶：《蒙古文法典中的法文化研究》，《貴州民族研究》2019 年第 1 期。

214. 烏雲：《民國時期中央政府對內蒙古地區黃教寺廟的法律調整》，《世界宗教研究》2019 年第 3 期。

215. 徐曉光、徐斌：《烏江流域少數民族碑刻習慣法研究》，《原生態民族文化學刊》2019 年第 2 期。

216. 楊紅偉：《法律、習俗與司法實踐：晚清循化廳藏區部落糾紛的解決》，《中國藏學》2019 年第 4 期。

217. 于鋒：《明清以來廣西三江侗族法制變遷研究》，《原生態民族文化學刊》2019 年第 5 期。

218. 何傑峰、楊麗：《吐蕃傳統成文法中的佛教因素》，《宗教學研究》2020 年第 1 期。

219. 張科：《晚清少數民族賠命價管見——以清代循化廳司法檔案為線索》，《中國藏學》2020 年第 2 期。

220. 趙毅：《基層社會的治理與互動：基於清末吐魯番坎兒井民事糾紛的考察》，周偉洲主編：《西北民族論叢》第二十一輯，社科文獻出版社，2020 年版。

第七章　法律文獻、著述評介與契約研究

一、法律文獻

1. （德）陶安：《關於上海圖書館所藏薛允升〈唐明律合刻〉手稿本》，載徐世虹主編：《中國古代法律文獻研究》（第四輯），法律出版社，2011 年版。

2. 杜正貞、吳錚強：《龍泉司法檔案的主要特點與史料價值》，《民國檔案》2011 年第 1 期。

3. 郝豔紅：《清末參加第八屆萬國刑律監獄改良會檔案》，《歷史檔案》2011 年第 2 期。

4. 黃東海：《法律文化研究視角下的碑刻資料》，《當代法學》2011 年第 2 期。

5. 羅海山：《回鶻文契約「官罰」內容研究》，《貴州社會科學》2011 年第 9 期。

6. 彭劍：《也談「兩種清末憲法草案稿本」中的「甲殘本」》，《歷史檔案》2011 年第 3 期。

7. 駢宇騫、王任林：《出土簡牘法律文書述略》，《中國典籍與文化》2011 年第 4 期。

8. 蘇亦工：《珍視傳統的革命家：從董老研究資料的搜集說起》，《華東政法大學學報》2011 年第 2 期。

9. 原瑞琴：《〈大明會典〉版本考述》，《中國社會科學院研究生院學報》2011年第 1 期。

10. 戴建國：《元〈至元雜令〉發覆》，《河北學刊》2012 年第 4 期。

11. 李曉菊：《〈西漢詔令〉的編纂及其得失》，《史學史研究》2012 年第 3 期。

12. 潘潔：《〈天盛改舊新定律令·催繳租門〉一段西夏文綴合》，《寧夏社會科學》2012 年第 6 期。

13. 張忠煒：《〈漢律輯存〉稿本跋》，載徐世虹主編：《中國古代法律文獻研究》（第六輯），社科文獻出版社，2012 年版。

14. 張重豔：《中國藏黑水城所出元代律令與詞訟文書的史學價值》，《南京師大學報》2012 年第 5 期。

15. 馮學偉搜集、整理：《湖南省汝城縣沙洲瑤族村朱氏文書》，載霍存福主編：《法律文化論叢（第 1 輯）》，法律出版社，2013 年版。

16. 孔潮麗：《法律典籍整理研究常見問題探討——以《〈唐律疏議〉箋解》為分析樣本》，載謝進傑主編：《中山大學法律評論》第 10 卷第 2 輯，法律出版社，2013 年版。

17. 盧瑋：《近代上海法律歷史文獻整理與狀態研究——以當代滬上四個圖書館藏調研為基礎》，《河北法學》2013 年第 8 期

18. 徐華：《敦煌吐魯番所出法制文書疑難詞語新釋》，《四川師範大學學報》2013 年第 6 期。

19. 岳純之：《論〈宋刑統〉的形成、結構和影響》，《蘭州學刊》2013 年第 11 期。

20. 馮學偉搜集、整理：《清刻本〈寫約不求人〉》，載霍存福主編：《法律文化論叢（第 2 輯）》，法律出版社，2014 年版。

21. 岳純之：《論〈唐律釋文〉及其文獻價值》，《蘭州學刊》2014 年第 4 期。

22. 張田田：《趙爾巽編〈刑案新編〉介紹（一）：以命盜類案件為例》，載霍存福主編：《法律文化論叢（第 2 輯）》，法律出版社，2014 年版。

23. 傅育紅：《乾隆朝〈燒造瓷器則例章程〉》，《歷史檔案》2015 年第 2 期。

24. 王記錄、趙靜：《乾隆〈大清會典〉編纂述論》，《史學史研究》2015 年第 3 期。

25. 許起山、羅志歡：《清代廣東按察使司的〈六房須知冊〉》，《歷史檔案》

2015 年第 3 期。

26. 岳純之：《通行本〈宋刑統〉校勘拾零》，《蘭州學刊》2015 年第 6 期。

27. 鄭潔西、楊向豔：《日藏孤本〈刑部奏議〉及其史料價值》，《學術研究》2015 年第 11 期。

28. 中國政法大學石刻法律文獻研讀班：《法律碑刻之分類探討》，載徐世虹主編：《中國古代法律文獻研究》（第九輯），社科文獻出版社，2015 年版。

29. 曾昭：《清代保甲制度研究綜述與史料分析——以〈古代鄉約及鄉治法律文獻十種〉為中心》，《中南財經政法大學研究生學報》2016 年第 4 期。

30. 馮立君：《金鐸敏、河元洙主編〈天聖令譯注〉》，載榮新江主編：《唐研究》第 21 輯，北京大學出版社，2016 年版。

31. 韓小忙、孔祥輝：《英藏〈天盛律令〉殘片的整理》，《西夏研究》2016 年第 4 期。

32. 侯欣一：《中國檢察制度史研究現狀及相關文獻》，《國家檢察官學院學報》2016 年第 4 期。

33. 楊波、孟偉：《高平寨上村施井與訴訟碑刻考釋》，載霍存福主編：《法律文化論叢》第 5 輯，知識產權出版社，2016 年版。

34. 楊波：《高平下崖底東莊村吃水訴訟碑刻考釋》，載霍存福主編：《法律文化論叢》第 6 輯，知識產權出版社，2016 年版。

35. 岳純之：《通行本〈宋刑統〉校勘續拾》，《蘭州學刊》2016 年第 4 期。

36. 張伯元：《新版法學著作點校本勘誤舉隅（九例）》，載吳玉章、高旭晨主編：《中國法律史研究》（2016 年卷），社會科學文獻出版社，2016 年版。

37. 耿慧玲：《試析臺灣碑誌的公訴功能》，載中國政法大學法律古籍整理研究所編：《中國古代法律文獻研究》第十一輯，社會科學文獻出版社，2017 年版。

38. 耿鐵華：《高句麗碑刻中的法律條文》，載中國政法大學法律古籍整理研究所編：《中國古代法律文獻研究》第十一輯，社會科學文獻出版社，2017 年版。

39. 趙晶：《二十年來敦煌吐魯番漢文法律文獻研究述要》，《國學學刊》2019 年第 2 期。

40. 趙晶：《二十年來敦煌吐魯番漢文法律文獻研究述要》，載趙晶主編：《法律文化研究》（敦煌、吐魯番漢文法律文獻專題），社會科學文獻出版社，2019 年版。

41. 黃海：《智鼎銘文集釋》，載張生主編：《法史學刊》（第 15 卷），社科文獻出版社，2020 年版。

42. 林乾：《〈刑案匯覽〉的編撰及其價值》，載朱勇主編：《中華法系》（第十三卷），法律出版社，2020 年版。

43. 王瑞超：《民國上海女律師史料》，載陳靈海主編：《法律史研究》（第 6 輯），法律出版社，2020 年版。

44. 伍躍：《大木文庫藏〈直隸冊結款式〉解題、錄文》，載中國政法大學法律古籍整理研究所編：《中國古代法律文獻研究》第 14 輯，社科文獻出版社，2020 年版。

45. 楊一凡：《〈皇明條法事類纂〉缺文及篇名復原》，載陳靈海主編：《法律史研究》（第 6 輯），法律出版社，2020 年版。

46. 姚澍：《湖南墳山案件選編（上）》，載陳靈海主編：《法律史研究》（第 6 輯），法律出版社，2020 年版。

47. 張忠煒：《關西大學內藤文庫藏〈漢律輯存〉校訂》，載中國政法大學法律古籍整理研究所編：《中國古代法律文獻研究》第 14 輯，社科文獻出版社，2020 年版。

二、著述評介

1. 蔣傳光：《中西文化合流基礎上的中國法制近代轉型——〈大清新法令·宣統新法令〉第六卷述評》，《華東政法大學學報》2011 年第 2 期。

2. 賴亮郡：《戴建國〈唐宋變革時期的法律與社會〉》，載榮新江主編：《唐研究》第十七卷，北京大學出版社，2011 年版。

3. 秦雙星、薄振峰：《傳統法律文化論——評〈禮法融合與中國傳統法律文化的歷史演進〉》，《學術交流》2011 年第 2 期。

4. 薛洪波：《評〈張家山漢簡〈二年律令〉與漢代社會研究〉》，《社會科學戰線》2011 年第 1 期。

5. 張忠煒：《評李力〈張家山二四七號墓出土法律文獻研究及述評（1985.1～2008.12）〉》，載徐世虹主編：《中國古代法律文獻研究》（第四輯），法

律出版社，2011 年版。

6. 曹峰：《「法與習俗」視野下的睡虎地秦簡研究——工藤元男與他的〈睡虎地秦簡所見秦代國家與社會〉》，《史學月刊》2012 年第 5 期。

7. 陳景良：《「盧紓」非「盧紆」說略——徐道鄰〈中國法制史論集〉獻疑一則》，《法制與社會發展》2012 年第 5 期。

8. 杜金：《獻疑與商榷：從「喬太守亂點鴛鴦譜」說起——〈文學作品、司法文書與法史學研究〉讀後》，《政法論壇》2012 年第 3 期。

9. 劉棟：《中國傳統法制的內在理路——讀〈法律、資源與時空建構：1644～1945 年的中國〉（第四卷）》，《清史研究》2012 年第 4 期。

10. 宋國華：《姚大榮的〈唐律講義〉及其價值》，《史學月刊》2012 年第 5 期。

11. 于靜、徐梁伯：《法律制度：現代性與社會適應性——評蔣秋明著〈南京國民政府審判制度研究〉》，《學海》2012 年第 4 期。

12. （德）呂德凱、勞武利：《〈漢初典型訴訟案例〉——首部研究湖北張家山漢簡〈奏讞書〉的西方語言專著》，載徐世虹主編：《中國古代法律文獻研究》（第七輯），社科文獻出版社，2013 年版。

13. （日）宮宅潔、顧其莎譯：《廣瀬薫雄著〈秦漢律令研究〉》，載徐世虹主編：《中國古代法律文獻研究》（第七輯），社科文獻出版社，2013 年版。

14. 馮永明、曹瀚：《多學科視野下的對話、爭鳴與互動——〈法律、資源與時空建構：1644～1945 年的中國〉學術研討會述評》，《史學月刊》2013 年第 6 期。

15. 李啟成：《行深融豁，過渡津梁——黃源盛教授著〈中國法史導論〉讀後》，《政法論壇》2013 年第 3 期。

16. 李雪梅、何贊國：《朝鮮王朝法律文獻〈推案及鞫案〉初讀》，載徐世虹主編：《中國古代法律文獻研究》（第七輯），社科文獻出版社，2013 年版。

17. 蒲海濤：《新歷史法學視野下清史研究的學術體系構建——讀〈法律、資源與時空建構：1644～1945 年的中國〉》，《史學月刊》2013 年第 6 期。

18. 肖琦：《科耶夫與中國——對科耶夫《評梁啟超〈先秦法的概念與法家理論〉》的解讀》，《華東師範大學學報》2013 年第 5 期。

19. 楊靜：《永不停歇的探索——從〈中華法制文明的演進〉到〈中華法制文明史〉》，《中國政法大學學報》2013 年第 6 期。

20. 俞江：《19 世紀末中國民法學的「絕響」——馬建忠〈法律探原・戶律〉評述》，《華東政法大學學報》2013 年第 2 期。

21. 趙晶：《中國法制史教科書編寫臆說——評石岡浩等著〈史料所見中國法史〉》，載徐世虹主編：《中國古代法律文獻研究》（第七輯），社科文獻出版社，2013 年版。

22. 陳新宇：《憲政視野下的大清新刑律——楊度〈論國家主義與家族主義之區別〉解讀》，《政法論叢》2014 年第 6 期。

23. 程燎原：《梁啟超的「政體思維」是怎樣被誤解的——評王紹光的〈政體與政道：中西政治分析的異同〉》，《政法論壇》2014 年第 2 期。

24. 侯欣一：《中國法律史研究的材料與方法——讀吳佩林〈清代縣域民事糾紛與法律秩序考察〉》，《社會科學研究》2014 年第 6 期。

25. 錢大群：《錢大群就〈唐式輯佚〉致霍存福信》，載霍存福主編：《法律文化論叢（第 2 輯）》，法律出版社，2014 年版。

26. 趙晶：《邁向「全球史」視野下的中國法律史學——評富谷至編〈東亞的死刑〉》，載《清華法律評論委員會編》：《清華法律評論》第 7 卷第 2 輯，清華大學出版社，2014 年版。

27. （日）山本孝子：《評吳麗娛著〈敦煌書儀與禮法〉》，載徐世虹主編：《中國古代法律文獻研究》（第九輯），社科文獻出版社，2015 年版。

28. （日）水間大輔：《冨谷至〈從漢律到唐律——裁判規範與行為規範〉》，載周東平、朱騰主編：《法律史譯評（2014 年卷）》，中國政法大學出版社，2015 年版。

29. 陳曉楓：《徜徉在求真與求實之間——評馬作武教授〈先秦法律思想史〉》，《法學評論》2015 年第 5 期。

30. 杜金：《明清法律書籍的社會史——評尤陳俊著〈法律知識的文字傳播：明清日用類書與社會日常生活〉》，載徐世虹主編：《中國古代法律文獻研究》（第九輯），社科文獻出版社，2015 年版。

31. 范予晨：《評高明士〈中國中古禮律綜論——法文化的定型〉》，載徐世虹主編：《中國古代法律文獻研究》（第九輯），社科文獻出版社，2015 年版。

32. 馮立君：《金鐸敏、河元洙主編〈天聖令譯注〉》，載榮新江主編：《唐研究》第二十一卷，北京大學出版社，2015 年版。

33. 姜曉敏：《老驥伏櫪結碩果，鶴鳴九皋慰先賢——簡評〈中國法律思想通史〉》，載霍存福主編：《法律文化論叢（第 3 輯）》，法律出版社，2015 年版。

34. 金敏：《繼承晚清誰人遺產？——梁治平先生〈禮教與法律〉讀後》，《清華法學》2015 年第 5 期。

35. 凌鵬：《〈中國近世的規範與秩序〉書評》，載徐世虹主編：《中國古代法律文獻研究》（第九輯），社科文獻出版社，2015 年版。

36. 劉篤才：《劉篤才致霍存福——讀〈法律文化論叢〉有感》，載霍存福主編：《法律文化論叢（第 3 輯）》，法律出版社，2015 年版。

37. 彭衛：《讀〈秦漢家庭法研究——以出土簡牘為中心〉》，《河北學刊》2015 年第 6 期。

38. 汪慶華：《盛世謠言背後的歷史、法律與社會——基於〈叫魂：1768 年中國妖術大恐慌〉的討論》，《政法論壇》2015 年第 1 期。

39. 吳海傑：《見異思遷？——評介孫慧敏〈制度移植——民初上海的律師制度〉》，載《人大法律評論》編輯委員會組編：《人大法律評論》2015 年卷第 1 輯，法律出版社，2015 年版。

40. 張中秋：《期待中國新法學——讀許章潤教授新著〈漢語法學論綱〉有感》，載朱勇主編：《中華法系》（第六卷），法律出版社，2015 年版。

41. 趙晶：《「新法律史」這般發生——評尤陳俊著〈法律知識的文字傳播——明清日用類書與社會日常生活〉》，載南開大學中國社會史研究中心編：《中國社會歷史評論》第十六卷，天津古籍出版社，2015 年版。

42. 趙晶：《樓勁〈魏晉南北朝隋唐立法與法律體系：敕例、法典與唐法系源流〉》，載榮新江主編：《唐研究》第二十一卷，北京大學出版社，2015 年版。

43. 趙崧：《知無不言，言有不盡——〈「夜無故入人家」——不應忽略的那一面〉讀後》，載里贊主編：《法律史評論（第 8 卷）》，法律出版社，2015 年版。

44. 杜金：《清代中國法秩序的原理與結構——〈權力與冤抑：寺田浩明中國法史論集〉述評》，《法制史研究》（臺）2016 年第 29 輯。

45. 高旭晨：《簡評〈現代法政的起源〉》，載吳玉章、高旭晨主編：《中國法律史研究》（2016年卷），社會科學文獻出版社，2016年版。

46. 韓偉、沈瑋瑋：《在法律傳統的回歸中開新——評〈中國傳統法律文化研究〉叢書》，載霍存福主編：《法律文化論叢》第5輯，知識產權出版社，2016年版。

47. 姜昊晨：《叫魂何以發生——讀〈叫魂：1768年中國妖術大恐慌〉》，《中國法律評論》2016年第2期。

48. 欒兆星：《法律中背離的結構與戲劇中展演的人生——讀〈清代的法律、社會與文化：民法的表達與實踐〉》，載霍存福主編：《法律文化論叢》第6輯，知識產權出版社，2016年版。

49. 石洋：《鷹取祐司〈秦漢官文書的基礎研究〉介評》，載徐世虹主編：《中國古代法律文獻研究》第十輯，社科文獻出版社，2016年版。

50. 孫健：《馬伯良的宋代「新法律史」研究——立足於〈名公書判清明集〉英譯本的考察》，《中國史研究動態》2016年第3期。

51. 夏婷婷：《法貴為平，官貴為清——評李甲孚〈古代法官錄〉》，載霍存福主編：《法律文化論叢》第5輯，知識產權出版社，2016年版。

52. 閆強樂：《試評陳璽教授〈唐代訴訟制度研究〉》，《新西部（理論版）》2016年第14期。

53. 余盛峰：《歷史社會法學視野下的中國法律與中國法學——讀〈實踐與理論：中國社會、經濟與法律的歷史與現實研究〉》，《中國法律評論》2016年第3期。

54. 張田田：《趙爾巽編〈刑案新編〉介紹（三）——以涉及「名例律」「刑律」案件為例》，載霍存福主編：《法律文化論叢》第6輯，知識產權出版社，2016年版。

55. 趙晶：《樓勁〈魏晉南北朝隋唐立法與法律體系：敕例、法典與唐法系源流〉》，載榮新江主編：《唐研究》第21輯，北京大學出版社，2016年版。

56. 趙晶：《正史〈刑法志〉「文本」研究路徑舉要》，《法制史研究》（臺）2016年第29輯。

57. 周東平譯：《富谷至〈漢唐法制史研究·序論〉》，載吳玉章、高旭晨主編：《中國法律史研究》（2016年卷），社會科學文獻出版社，2016年版。

58. 李俊強：《譯注〈晉書·刑法志〉集大成之作——讀周東平主編〈晉書·刑法志〉譯注》，載周東平、朱騰主編：《法律史譯評》（第六卷），中西書局，2018 年版。

59. （法）魏丕信著、黃倩怡譯：《〈中國官箴公牘評注書目〉導論》，載中國政法大學法律古籍整理研究所編：《中國古代法律文獻研究》（第十三輯），社會科學文獻出版社，2019 年版。

60. （日）高見澤磨：《評寺田浩明著〈中國法制史〉》，魏敏譯，載里贊主編：《法律史評論》（2019 年第 2 卷），社會科學文獻出版社，2019 年版。

61. 杜金：《尋找中國的商法與法律話語——評邱澎生《當法律遇上經濟：明清中國的商業法律》，載中國政法大學法律古籍整理研究所編：《中國古代法律文獻研究》（第十三輯），社會科學文獻出版社，2019 年版。

62. 桂濤：《經濟發展如何改變制度規範？——讀邱澎生著《當經濟遇上法律》，載中國政法大學法律古籍整理研究所編：《中國古代法律文獻研究》（第十三輯），社會科學文獻出版社，2019 年版。

63. 李啟成：《事件、刑案與中國近代轉型——讀尚小明〈宋案重審〉》，《近代史研究》2019 年第 1 期。

64. 劉全娥：《從實踐法視角看中國古代的訴訟傳統——評〈唐代刑事訴訟慣例研究〉》，載楊宗科主編：《法學教育研究》第二十七卷，法律出版社，2019 年版。

65. 寺田浩明：《傳統中國法與近代法》，伍躍、阿風、趙思淵、孔令偉書評，載中國政法大學法律古籍整理研究所編：《中國古代法律文獻研究》（第十二輯），社會科學文獻出版社，2019 年版。

66. 王一義：《〈法律史譯評〉第六卷評介》，《中國史研究動態》2019 年第 3 期。

67. 吳才茂：《一葉知秋：明清契約文書究竟還能研究什麼？——讀《明月清風：明清時代的人、契約與國家》，載中國政法大學法律古籍整理研究所編：《中國古代法律文獻研究》（第十三輯），社會科學文獻出版社，2019 年版。

68. 武樹臣：《從古典法治走向現代法治——段秋關新作讀後》，《西北大學學報》2019 年第 6 期。

69. 張雨：評《唐代法典、司法與〈天聖令〉諸問題研究》，載中國政法大學法律古籍整理研究所編：《中國古代法律文獻研究》（第十三輯），社會科學文獻出版社，2019 年版。

70. 鄭學檬、高令印、俞榮根、李力、陳曉楓：《〈尚書〉章句集解》書評，載華東政法大學法律史研究中心編：《法律史研究》第 6 輯，法律出版社，2019 年版。

71. 陳長寧：《〈創制、運行及變異：民國時期西安地方法院研究〉讀後》，蘇力主編：《法律書評》第 13 輯，北京大學出版社，2020 年版。

72. 郝建平：《一部研究秦漢時期家庭法的力作——評〈秦漢家庭法研究：以出土簡牘為中心〉》，梁安和、徐衛民主編：《秦漢研究》（2020），西北大學出版社，2020 年版。

73. 霍存福：《「古木含新綠，仙葩吐舊枝」》，《檢察日報》2020 年 08 月 20 日第 03 版。

74. 賈秋宇：《張晉藩著〈中國古代民事訴訟制度〉讀後》，載朱勇主編：《中華法系》（第十三卷），法律出版社，2020 年版。

75. 賈茵：《尋找行政法史的缺失一頁：讀史尚寬〈行政法論〉》，沈歸主編：《行政法論叢》（第 26 卷），法律出版社，2020 年版。

76. 李相森：《法律社會史範式下的中國法律文明書寫——讀張仁善教授〈中國法律文明〉》，常建華主編：《中國社會歷史評論》第 25 卷，天津古籍出版社，2020 年版。

77. 劉磊：《對歐美「法律東方主義」的反思與超越》，《法學評論》2020 年第 2 期。

78. 王斌通：《體現思想與制度融合的新教材——評張晉藩先生〈中國法律史〉》，《中國政法大學學報》2020 年第 5 期。

79. 魏磊傑：《法律東方主義在中國》，《讀書》2020 年第 7 期。

80. 溫榮：《非常時期的司法常規化努力——讀〈創制、運行及變異——民國時期西安地方法院研究〉》，蘇力主編：《法律書評》第 13 輯，北京大學出版社，2020 年版。

81. 閆強樂：《探索中國法律的歷史傳統——讀〈儒者論法〉》，《原道》2020 年第 1 期。

82. 顏麗媛：《中國法律史的美國故事——絡德睦〈法律東方主義：中國、美

國與現代法〉述評》,《法律史評論》2020 年第 1 期。

83. 顏麗媛:《康有為眼中的世界秩序與中國憲制——評〈萬國競爭:康有為與維也納體系的衰變〉》,蘇力主編:《法律書評》第 13 輯,北京大學出版社,2020 年版。

84. 楊曉越:《「中國傳統法醫學」近代化的複雜圖景:Daniel Asen《Death in Beijing ——Murder and Forensic Science in Republican China》評介》,常建華主編:《中國社會歷史評論》(第二十三卷),天津古籍出版社,2020 年版。

85. 張群:《知人論史,法史交融——讀陳新宇〈尋找法律史上的失蹤者〉(增訂版)》,《法律史評論》2020 年第 2 期。

86. 張一民:《對法律史學方法論的一點思考——讀杜維運〈史學方法論〉》,載張生主編:《法史學刊》(第 15 卷),社科文獻出版社,2020 年版。

87. 趙晶:《如何更好地呈現法制史料的特性——〈中國近世法制史料読解ハンドブック〉述評》,《中華文史論叢》2020 年第 4 期。

88. 鄭學檬、高令印、俞榮根、李力、陳曉楓:《〈尚書〉章句集解》書評》,載陳靈海主編:《法律史研究》(第 6 輯),法律出版社,2020 年版。

三、契約研究

1. 馮學偉:《契約文書之於古人生活的意義》,《法制與社會發展》2011 年第 1 期。

2. 張姍姍、劉彤:《中國古代對「兩不和同」的法律規制:以買賣契約為例》,《東北師大學報》2011 年第 4 期。

3. 張姍姍、陳雷:《唐宋時期買賣契約與借貸契約中的人保制度探析》,《當代法學》2011 年第 5 期。

4. 陳勝強:《中人在清代土地絕賣契約中的功能——以中國傳統交易規則的影響為視角》,《北方法學》2012 年第 4 期。

5. 王帥一:《明清時代官方對於契約的干預:通過「稅契」方式的介入》,《中外法學》2012 年第 6 期。

6. 尤陳俊:《明清中國房地買賣俗例中的習慣權利——以「歎契」為中心的考察》,《法學家》2012 年第 4 期。

7. 馮學偉:《契約文書的時序性分類》,《當代法學》2013 年第 4 期。

8. 韓偉：《民間法視野下黑水城出土西夏文賣地契研究——兼與漢文賣地契的比較》，《寧夏社會科學》2013 年第 2 期。

9. 羅海山：《唐宋敦煌契約「恩赦」條款考論》，《當代法學》2013 年第 1 期。

10. 楊淑紅：《元代的保人擔保——以黑水城所出民間借貸契約文書為中心》，《寧夏社會科學》2013 年第 1 期。

11. 張可輝：《官法私契與西夏地權流轉研究》，《中國農史》2013 年第 3 期。

12. 王旭：《從券書到契紙——中國傳統契約的物質載體與形式演變初探》，《湖北大學學報》2014 年第 6 期。

13. 張曉霞：《契約文書中的女性——以龍泉驛百年契約文書和清代巴縣婚姻檔案為中心》，《蘭州學刊》2014 年第 8 期。

14. 高玉玲：《宋代契約的「情願」法及解讀——以買賣契約為中心的考察》，《蘭州學刊》2015 年第 6 期。

15. 陳麗萍：《中國國家圖書館藏敦煌契約文書匯錄（二）》，載劉曉、雷聞主編：《隋唐遼宋金元史論叢》第六輯，上海古籍出版社，2016 年版。

16. （土耳其）麥萊克·約茲特勒：《契約文書對絲綢之路法律史的貢獻》，李剛、蘆韜譯，《吐魯番學研究》2016 年第 2 期。

17. 陳國燦：《對敦煌吐蕃文契約文書斷代的思考》，《西域研究》2016 年第 4 期。

18. 馮學偉：《中國傳統契式初探》，《清華法治論衡》2016 年第 1 期。

19. 馮學偉收集、整理：《書契積腋鄭氏文書》，載霍存福主編：《法律文化論叢》第 5 輯，知識產權出版社，2016 年版。

20. 郭睿君、李琳琦：《清代徽州契約文書所見「中人」報酬》，《中國經濟史研究》2016 年第 6 期。

21. 羅海山：《傳統契約「官罰」條款之內涵探究》，載霍存福主編：《法律文化論叢》第 6 輯，知識產權出版社，2016 年版。

22. 買小英：《論敦煌放妻書中所反映的倫理觀念》，《甘肅社會科學》2016 年第 2 期。

23. 史金波：《黑水城出土西夏文雇工契研究》，《中國經濟史研究》2016 年第 4 期。

24. 王陽：《敦煌「放妻書」詞語考釋》，《古籍整理研究學刊》2016 年第 2 期。

25. 吳贇培：《和田博物館藏佉盧文尺牘放妻書再釋譯》，《西域研究》2016 年第 3 期。

26. 吳志遠：《洛陽地區清代地契研究》，《中原文物》2016 年第 3 期。

27. 熊昌錕：《清代贛南農村的地權流轉——以石城縣契約文書為中心》，常建華主編：《《中國社會歷史評論》第十七卷，天津古籍出版社，2016 年版。

28. 徐嘉露：《明代民間契約習慣與民間社會秩序》，《中州學刊》2016 年第 5 期。

29. 薛豔麗、王祥偉：《西域借貸契約中的債務償還方式》，《西域研究》2016 年第 4 期。

30. 周豔君：《從倒契看清代蒙古地區的租佃現象》，《中原文物》2016 年第 3 期。

31. 祖偉：《我國傳統契約文書「恐後無憑」套語的證據實質意義》，《社會科學輯刊》2016 年第 6 期。

32. 陳敬濤：《敦煌、吐魯番契約要件的形成及其動因》，載馬聰、王濤、曹旅寧主編：《出土文獻與法律史研究現狀學術研討會論文集》，暨南大學出版社，2017 年版。

33. 陳世明：《察合臺文契約文書所反映的維漢和諧關係》，《新疆大學學報》2017 年第 4 期。

34. 褚寧：《佛教倫理在唐五代契約文書中的作用及其影響——以敦煌放良書為例》，《暨南學報》2017 年第 4 期。

35. 黃忠鑫：《清代福建永泰縣的田根流轉與契約書寫》，《暨南學報》2017 年第 1 期。

36. 李洪濤：《試論唐代借貸契約的國家干預》，《中國社會經濟史研究》2017 年第 4 期。

37. 李正宇：《公平形式掩蓋下的不公平——敦煌契約別議》，《敦煌研究》2017 年第 3 期。

38. 梁鳳榮：《唐代借貸契約研究》，載馬聰、王濤、曹旅寧主編：《出土文獻與法律史研究現狀學術研討會論文集》，暨南大學出版社，2017 年版。

39. 劉道勝：《民間習俗與傳統契約信用的維繫——以明清徽州為中心》,《安徽師範大學學報》2017 年第 2 期。

40. 劉海波：《從形式到合意：民初田宅買賣契約法的歷史嬗變》,《新疆大學學報》2017 年第 1 期。

41. 劉正剛、楊憲釗：《清代閩東契約與鄉村女性地位研究》,《暨南學報》2017 年第 1 期。

42. 乜小紅、陳國燦：《對絲綢之路上佉盧文買賣契約的探討》,《西域研究》2017 年第 2 期。

43. 王小暉：《新疆吐峪溝出土契約研究：兼論 1891～1943 年新疆理財機構的變遷》,《新疆大學學報》2017 年第 6 期。

44. 王雲紅：《傳統契約文書與中國人的契約觀念》,《學術探索》2017 年第 5 期。

45. 吳才茂：《清水江文書所見清代苗族女性買賣土地契約的形制與特點——兼與徽州文書之比較》,《安徽師範大學學報》2017 年第 3 期。

46. 謝繼忠、蔣興國、羅將：《近三十年來甘肅民間契約文書研究述評——甘肅民間契約文書研究之一》,《農業考古》2017 年第 1 期。

47. 閆岑：《明清通俗小說中政治、經濟類契約敘事書寫形態及特徵》,《明清小說研究》2017 年第 1 期。

48. 楊繼光：《〈石倉契約〉（第三輯）文字辨正》,《江海學刊》2017 年第 4 期。

49. 楊繼光：《〈石倉契約〉（第三輯）文字校勘劄記》,《江海學刊》2017 年第 5 期。

50. 楊繼光：《〈石倉契約〉第三輯校讀劄記》,《中國農史》2017 年第 2 期。

51. 楊銘、貢保札西：《絲綢之路沿線所出古藏文契約文書概說》,《西南民族大學學報》2017 年第 7 期。

52. 楊庭碩、朱晴晴：《清水江林契中所見漢字譯寫苗語地名的解讀》,《中央民族大學學報》2017 年第 1 期。

53. 楊志芳：《清代、民國時期昆明市民社會日常法律生活——以雲南省博物館館藏昆明契約文書為中心》,載吳大華主編：《法律人類學論叢》（第 5 輯）,社會科學文獻出版社,2017 年版。

54. 楊志芳：《清代、民國雲南買賣契約中「第三方群體」研究》,《思想戰線》

2017 年第 5 期。

55. 張可輝：《明清地權契約中「業」的表述與田骨田皮的「業權」屬性》，《南京農業大學學報》2017 年第 5 期。

56. 張鐵山、崔焱：《回鶻文契約文書參與者稱謂考釋──兼與敦煌吐魯番漢文文書比較》，《西域研究》2017 年第 2 期。

57. 趙思淵：《歙縣田面權買賣契約形式的演變（1650～1949 年）》，《清華大學學報》2017 年第 6 期。

58. 趙天英：《黑水城出土西夏文草書借貸契長卷（7741 號）研究》，《中國經濟史研究》2017 年第 2 期。

59. 周正慶：《閩東民間文書的新發現及其學術價值》，《暨南學報》2017 年第 1 期。

60. 阿不都熱依木‧熱合曼：《維吾爾民族察合臺文契約文書的結構特點──以哈密和吐魯番地區出土文獻為主》，載乜小紅、陳國燦主編：《絲綢之路出土各族契約文獻研究論集》，中華書局，2019 年版。

61. 陳國燦：《對敦煌吐蕃文契約文書斷代的思考》，載乜小紅、陳國燦主編：《絲綢之路出土各族契約文獻研究論集》，中華書局，2019 年版。

62. 陳國燦：《略論佉盧文契約中的人口買賣》，載乜小紅、陳國燦主編：《絲綢之路出土各族契約文獻研究論集》，中華書局，2019 年版。

63. 崔焱：《回鶻文契約文書中的人名問題初探》，載乜小紅、陳國燦主編：《絲綢之路出土各族契約文獻研究論集》，中華書局，2019 年版。

64. 丁君濤：《從清末至民國吐魯番察合臺文賣地契看葡萄地價的變化》，載乜小紅、陳國燦主編：《絲綢之路出土各族契約文獻研究論集》，中華書局，2019 年版。

65. 段晴：《佉盧文契約文書所見酒、氎匬、罷氆與廚》，載乜小紅、陳國燦主編：《絲綢之路出土各族契約文獻研究論集》，中華書局，2019 年版。

66. 段晴、才洛太：《佛圖軍的酒事──青海藏醫藥文化博物館第三件供盧文尺牘釋讀》，載乜小紅、陳國燦主編：《絲綢之路出土各族契約文獻研究論集》，中華書局，2019 年版。

67. 貢保札西、楊銘：《Or.8210／S.2228 系列古藏文文書及相關問題研究》，載乜小紅、陳國燦主編：《絲綢之路出土各族契約文獻研究論集》，中華書局，2019 年版。

68. 李並成：《敦煌吐魯番契約文書中的擔保方式再議》，載乜小紅、陳國燦主編：《絲綢之路出土各族契約文獻研究論集》，中華書局，2019 年版。

69. 李剛：《對兩件偽察合臺文文書的研究》，載乜小紅、陳國燦主編：《絲綢之路出土各族契約文獻研究論集》，中華書局，2019 年版。

70. 李洪濤：《試論唐代借貸契約的國家干預》，載乜小紅、陳國燦主編：《絲綢之路出土各族契約文獻研究論集》，中華書局，2019 年版。

71. 李樹輝：《回鶻文寫卷〈向薩比購買土地契〉撰寫年代及相關史事研究》，載乜小紅、陳國燦主編：《絲綢之路出土各族契約文獻研究論集》，中華書局，2019 年版。

72. 李正宇：《公平形式掩蓋下的不公平——敦煌契約別議》，載乜小紅、陳國燦主編：《絲綢之路出土各族契約文獻研究論集》，中華書局，2019 年版。

73. 劉戈：《論回鶻文書法中的楷體說》，載乜小紅、陳國燦主編：《絲綢之路出土各族契約文獻研究論集》，中華書局，2019 年版。

74. 陸離：《三件英藏敦煌藏文發放堪布土登口糧契約的幾個問題》，載乜小紅、陳國燦主編：《絲綢之路出土各族契約文獻研究論集》，中華書局，2019 年版。

75. 羅海山：《西夏親鄰之法初論》，載乜小紅、陳國燦主編：《絲綢之路出土各族契約文獻研究論集》，中華書局，2019 年版。

76. 麥萊克·約茲耶特肯：《契約文書對絲綢之路法律史的貢獻——回契約文書裏的土地產權和使用情況》，載乜小紅、陳國燦主編：《絲綢之路出土各族契約文獻研究論集》，中華書局，2019 年版。

77. 乜小紅、陳國燦：《對絲綢之路上供佉盧文買賣契約的探討》，載乜小紅、陳國燦主編：《絲綢之路出土各族契約文獻研究論集》，中華書局，2019 年版。

78. 乜小紅、劉麗：《土地買賣制度由清末到民國的演變——以吐峪溝所出尼牙子家族買地為中心》，載乜小紅、陳國燦主編：《絲綢之路出土各族契約文獻研究論集》，中華書局，2019 年版。

79. 乜小紅：《對契約原則的理性認識》，載乜小紅、陳國燦主編：《絲綢之路出土各族契約文獻研究論集》，中華書局，2019 年版。

80. 乜小紅：《試論回鶻文契約的前後期之分》，載乜小紅、陳國燦主編：《絲

綢之路出土各族契約文獻研究論集》，中華書局，2019 年版。

81. 史金波：《黑水城出土西夏文雇工契研究》，載乜小紅、陳國燦主編：《絲綢之路出土各族契約文獻研究論集》，中華書局，2019 年版。

82. 史金波：《西夏文契約概論》，載乜小紅、陳國燦主編：《絲綢之路出土各族契約文獻研究論集》，中華書局，2019 年版。

83. 童光政：《中國傳統契約的基本精神和基本樣式》，載乜小紅、陳國燦主編：《絲綢之路出土各族契約文獻研究論集》，中華書局，2019 年版。

84. 王小暉：《從吐峪溝新出清末至民國契約上的官印看新疆理財機構的變遷》，載乜小紅、陳國燦主編：《絲綢之路出土各族契約文獻研究論集》，中華書局，2019 年版。

85. 吾買爾・卡得爾：《吐魯番發現的兩件察合臺語契約文書考釋》，載乜小紅、陳國燦主編：《絲綢之路出土各族契約文獻研究論集》，中華書局，2019 年版。

86. 嚴明清、周肖莉：《絲綢之路與茶馬古道的比較研究》，載乜小紅、陳國燦主編：《絲綢之路出土各族契約文獻研究論集》，中華書局，2019 年版。

87. 顏鵬飛、曾紅豔：《關於契約的多維度思考》，載乜小紅、陳國燦主編：《絲綢之路出土各族契約文獻研究論集》，中華書局，2019 年版。

88. 楊公衛（尼瑪札西）：《西域絲路　契約精神：武內紹人「中亞出土古藏文契約」的研究》，載乜小紅、陳國燦主編：《絲綢之路出土各族契約文獻研究論集》，中華書局，2019 年版。

89. 楊際平：《契約文書的「要行二主」與「券唯一支」》，載乜小紅、陳國燦主編：《絲綢之路出土各族契約文獻研究論集》，中華書局，2019 年版。

90. 楊銘、貢保札西：《P.t.1927 系列契約文書及相關問題研究》，載乜小紅、陳國燦主編：《絲綢之路出土各族契約文獻研究論集》，中華書局，2019 年版。

91. 楊榮春：《十六國時期高昌民間的經濟活動——以吐魯番出土高昌郡契約文書為中心》，載乜小紅、陳國燦主編：《絲綢之路出土各族契約文獻研究論集》，中華書局，2019 年版。

92. 張鐵山、于佳音：《回鶻文契約文書的印章（tamɣa）和畫押（nišan）研究》，載乜小紅、陳國燦主編：《絲綢之路出土各族契約文獻研究論集》，中華書局，2019 年版。

93. 張鐵山：《回鶻文契約文書參與者稱謂及其特點考釋——兼與敦煌吐魯番出土文書比較》，載乜小紅、陳國燦主編：《絲綢之路出土各族契約文獻研究論集》，中華書局，2019 年版。

94. 趙超：《略論清末吐魯番地區以穀付息的土地典當——對吐峪溝所出清光緒十七年「當賣葡萄園契」的探討》，載乜小紅、陳國燦主編：《絲綢之路出土各族契約文獻研究論集》，中華書局，2019 年版。

95. 韓樹偉：《絲路沿線出土諸契約文書格式比較研究》，載鄭顯文主編：《絲綢之路沿線新發現的漢唐時期法律文書研究》，中國法制出版社，2020 年版。

96. 侯文昌：《佉盧文買賣契約之格式研究——兼與漢文、拉丁文契約比較》，載鄭顯文主編：《絲綢之路沿線新發現的漢唐時期法律文書研究》，中國法制出版社，2020 年版。

97. 王雲紅：《華北民間契約文書中的家庭養老民事習慣問題》，《中國農史》2020 年第 4 期。

98. 楊瀟：《晚清至民國時期（1840～1949）契約文書研究述評》，《法律史評論》2020 年第 2 期。

99. 余惠娟：《西夏文契約的擔保與漢文契約擔保的比較研究——以史金波〈絲綢之路出土民族契約文獻集成（西夏文卷）〉（待刊稿）為基礎》，史金波、宋德金主編：《中國遼夏金研究年鑒 2018》，中國社會科學出版社，2020 年版。

100. 周利：《西夏文借貸契約與唐漢文借貸契約的比較研究——以史金波〈絲綢之路出土民族契約文獻集成（西夏文卷）〉（待刊稿）為基礎》，史金波、宋德金主編：《中國遼夏金研究年鑒 2018》，中國社會科學出版社，2020 年版。

第八章　學術著作

1. 陳顧遠：《中國法制史概要》，商務印書館，2011 年版。
2. 關健英：《先秦秦漢德治法治關係思想研究》，人民出版社，2011 年版。
3. 郭建：《中國訟師小史》，現代出版社，2011 年版。
4. 郝維華：《清代財產權利的觀念與實踐》，法律出版社，2011 年版。
5. 揭明等著：《中國廉政法制史》，中國方正出版社，2011 年版。
6. 李鼎楚：《事實與邏輯：清末司法獨立解讀》，法律出版社，2011 年版。
7. 李力：《法制史話》，社會科學文獻出版社，2011 年版。
8. 李文彬：《中國古代監獄史》，法律出版社，2011 年版。
9. 龍偉：《民國醫事糾紛研究（1927～1949）》，人民出版社，2011 年版。
10. 呂利：《律簡身份法考論：秦漢初期國家秩序中的身份》，法律出版社，2011 年版。
11. 呂英亭：《唐宋時期涉外法律研究：以外國人來華為中心》，光明日報出版社，2011 年版。
12. 孟紅：《罪刑法定原則在近代中國：以法律文本為研究對象》，法律出版社，2011 年版。
13. 上海商務印書館編譯所纂：《大清新法令（1901～1911）》（6 卷），商務印書館，2011 年版。
14. 宋北平：《秋審條款及其語言研究》，法律出版社，2011 年版。
15. 汪世榮主編：《吏治與中國傳統法文化：中國法律史學會 2010 年會論文集》，法律出版社，2011 年版。

16. 王東春：《清代中央政府治藏法律制度演變研究》，人民出版社，2011 年版。

17. 王紅曼：《國民政府戰時金融法律制度研究（1937～1945）》，法律出版社，2011 年版。

18. 徐愛國主編：《無害的偏見：西方學者論中國法律傳統》，北京大學出版社，2011 年版。

19. 楊鶴皋：《中國法律思想通史》，湘潭大學出版社，2011 年版。

20. 楊一凡主編：《中國古代法律形式研究》，社會科學文獻出版社，2011 年版。

21. 張希坡：《革命根據地法制史研究與「史源學」舉隅》，中國人民大學出版社，2011 年版。

22. 鄭穎慧：《宋代商業法制研究：基於法律思想視角》，法律出版社，2011 年版。

23. 陳紹輝：《楚國法律制度研究》，湖北教育出版社，2012 年版。

24. 崔永東：《中國傳統司法思想史論》，人民出版社，2012 年版。

25. 范忠信主編：《官與民：中國傳統行政法制文化研究》，中國人民大學出版社，2012 年版。

26. 高珣主編：《中國法制史：案例與圖表》，法律出版社，2012 年版。

27. 郭東旭、高楠、王曉薇、張利：《宋代民間法律生活研究》，人民出版社，2012 年版。

28. 韓大元主編：《中國憲法學說史研究（上下）》，中國人民大學出版社，2012 年版。

29. 韓濤：《晚清大理院：中國最早的最高法院》，法律出版社，2012 年版。

30. 何勤華：《中國法學史綱》，商務印書館，2012 年版。

31. 胡啟勇：《先秦儒家法倫理思想研究》，民族出版社，2012 年版。

32. 李俊芳：《晉朝法制研究》，人民出版社，2012 年版。

33. 李隆獻：《復仇觀的省察與詮釋：先秦兩漢魏晉南北朝隋唐編》，臺灣大學出版中心 2012 年版。

34. 李鳴：《法的回聲：從周公到章太炎》，法律出版社，2012 年版。

35. 李在全：《法治與黨治國民黨政權的司法黨化（1923～1948）》，社科文獻出版社，2012 年版。

36. 梁啟超：《梁啟超論中國法制史》，商務印書館，2012 年版。

37. 柳立言：《宋代的宗教、身份與司法》，中華書局，2012 年版。

38. 柳颯：《近代中國公民基本權利變遷研究》，法律出版社，2012 年版。

39. 馬小紅、史彤彪主編：《輸出與反應：中國傳統法律文化的域外影響》，中國人民大學出版社，2012 年版。

40. 任海濤：《先秦諸子政治法思想萌芽研究》，法律出版社，2012 年版。

41. 王巨新：《清朝前期涉外法律研究：以廣東地區來華外國人管理為中心》，人民出版社，2012 年版。

42. 王瑞山：《中國傳統治安思想史》，法律出版社，2012 年版。

43. 王申：《法學的歷史（第 6 卷）：法制史卷（1981～2011 年）》，法律出版社，2012 年版。

44. 吳宇欣：《民國刑事法律制度研究》，九州島出版社，2012 年版。

45. 夏婷婷：《唐代擬制判決中的法律發現：對唐代判詞的另一種解讀》，中國社會科學出版社，2012 年版。

46. 肖金明：《中國法治泛泛而論》，法律出版社，2012 年版。

47. 謝冬慧：《中國刑事審判制度的近代嬗變：基於南京國民政府時期的考察》，北京大學出版社，2012 年版。

48. 謝鴻飛：《法律與歷史：體系化法史學與法律歷史社會學》，北京大學出版社，2012 年版。

49. 閆曉君：《秦漢法律研究》，法律出版社，2012 年版。

50. 姚國豔：《明朝商稅法制研究：以抽分廠的運營為對象》，中國政法大學出版社，2012 年版。

51. 張晉藩：《鏡鑒心語：法史研究中的古與今》，廈門大學出版社，2012 年版。

52. 張晉藩主編：《中華法制文明史》，法律出版社，2012 年版。

53. 張軍：《清末四大奇案》，重慶出版社，2012 年版。

54. 張培田主編：《新中國婚姻改革和司法改革史料：西南地區檔案選編》，北京大學出版社，2012 年版。

55. 張勤：《中國近代民事司法變革研究：以奉天省為例》，商務印書館，2012 年版。

56. 張世明：《法律、資源與時空建構：1644～1945 年的中國》，廣東人民出

版社，2012 年版。

57. 張曉光：《推類與中國古代邏輯》，法律出版社，2012 年版。

58. 趙春燕：《新中國建國初期的法制話語與實踐》，法律出版社，2012 年版。

59. 趙曉耕主編：《古今之平：唐律與當代刑法》，社會科學文獻出版社，2012 年版。

60. 趙曉耕主編：《身份與契約：中國傳統民事法律形態》，中國人民大學出版社，2012 年版。

61. 鄭顯文：《出土文獻與唐代法律史研究》，中國社會科學出版社，2012 年版。

62. 中國政法大學法律古籍整理研究所編：《中國古代法律文獻研究（第 6 輯）》，社會科學文獻出版社，2012 年版。

63. 周少元：《中國近代刑法的肇端——〈欽定大清刑律〉》，商務印書館，2012 年版。

64. 朱勇主編：《中國法律》，中國政法大學出版社，2012 年版。

65. （韓）金鐸敏、河元洙主編：《天聖令譯注》，慧眼出版社，2013 年版。

66. （加）卜正民、（法）鞏濤等著，張光潤、樂凌、伍潔靜譯：《殺千刀：中西視野下的凌遲處死》，商務印書館，2013 年版。

67. （清）沈家本：《歷代刑法考》，中華書局，2013 年版。

68. 柏樺：《柏樺講明清妙判》，東方出版社，2013 年版。

69. 柏樺：《明清律例研究》，南開大學出版社，2013 年版。

70. 蔡斐：《二十世紀影響中國司法的 20 大案》，中國法制出版社，2013 年版。

71. 蔡曉榮：《晚清華洋商事糾紛研究》，中華書局，2013 年版。

72. 曹旅寧：《秦漢魏晉法制探微》，人民出版社，2013 年版。

73. 陳新宇點校：《朝陽法科講義（第六卷）》，上海人民出版社，2013 年版。

74. 遲雲飛：《清末預備立憲研究》，中國社會科學出版社，2013 年版。

75. 丁凌華：《五服制度與傳統法律》，商務印書館，2013 年版。

76. 董彥斌：《法意・追尋穩健憲政：民國法律家張耀曾的法政世界》，清華大學出版社，2013 年版。

77. 杜文忠：《法律與法俗：對法的民俗學解釋》，人民出版社，2013 年版。

78. 高漢成：《大清新刑律立法資料彙編》，社會科學文獻出版社，2013 年版。

79. 高漢成主編、張群副主編：《中國法律史學的新發展》，中國社會科學出版社，2013 年版。

80. 高明士：《律令法與天下法》，上海古籍出版社，2013 年版。

81. 郭成偉、田濤點校：《明清公牘秘本五種（第二版）》，中國政法大學出版社，2013 年版。

82. 何永軍：《中國古代法制的思想世界》，中國法制出版社，2013 年版。

83. 黃宗智：《清代以來民事法律的表達與實踐：歷史、理論與現實（全 3 卷）》，法律出版社，2013 年版。

84. 焦治、笪洪杉等著：《中國看守所的源與流》，人民出版社，2013 年版。

85. 李功國：《中國古代商法史稿》，中國社會科學出版社，2013 年版。

86. 李貴連：《法治是什麼：從貴族法治到民主法治》，廣西師範大學出版社，2013 年版。

87. 李平：《先秦法思想史論》，光明日報出版社，2013 年版。

88. 李曉東：《民國文物法規史評》，文物出版社，2013 年版。

89. 梁啟超：《梁啟超論憲法》，商務印書館，2013 年版。

90. 梁治平：《法律史的視界：梁治平自選集》，廣西師範大學出版社，2013 年版。

91. 劉廣安：《晚清法制改革的規律性探索》，中國政法大學出版社，2013 年版。

92. 呂伯濤、孟向榮：《中國古代的告狀與判案》，商務印書館，2013 年版。

93. 呂麗、潘宇、張珊珊：《中國傳統法律制度與文化專論》，華中科技大學出版社，2013 年版。

94. 馬衛國編著：《囹圄內外——中國古代監獄文化》，浙江大學出版社，2013 年版。

95. 馬作武：《法律史思辨錄（修訂版）》，法律出版社，2013 年版。

96. 茅彭年：《中國國家與法的起源》，中國政法大學出版社，2013 年版。

97. 閔冬芳：《〈大清律輯注〉研究》，社會科學文獻出版社，2013 年版。

98. 那思陸：《中國審判制度史》，上海三聯書店，2013 年版。

99. 錢大群：《唐律與唐代法制考辨》，社會科學文獻出版社，2013 年版。

100. 孫家紅：《關於「子孫違犯教令」的歷史考察：一個微觀法史學的嘗試》，社會科學文獻出版社，2013 年版。

101. 唐仕春：《北洋時期的基層司法》，社會科學文獻出版社，2013 年版。

102. 汪楫寶：《民國司法志》，商務印書館，2013 年版。

103. 王紅曼：《中國近代金融法制史研究》，上海人民出版社，2013 年版。

104. 王婧點校：《朝陽法科講義（第八卷）》，上海人民出版社，2013 年版。

105. 王沛主編：《出土文獻與法律史研究（第二輯）》，上海人民出版社，2013 年版。

106. 王帥一點校：《朝陽法科講義（第五卷）》，上海人民出版社，2013 年版。

107. 王雲紅：《清代流放制度研究》，人民出版社，2013 年版。

108. 王忠燦：《獄獄空和中國古代司法傳統》，中國政法大學出版社，2013 年版。

109. 魏道明：《秩序與情感的衝突》，中國社會科學出版社，2013 年版。

110. 吳慧：《中國鹽法史》，社會科學文獻出版社，2013 年版。

111. 吳佩林：《清代縣域民事糾紛與法律制度考察》，中華書局，2013 年版。

112. 吳旅燕、張闖、王坤：《偽滿州國法制研究》，中國政法大學出版社，2013 年版。

113. 武樹臣：《中國法的源與流》，人民出版社，2013 年版。

114. 楊強：《蒙古族法律傳統與近代轉型》，中國政法大學出版社，2013 年版。

115. 楊向東：《建國初期（1949～1954 年）行政組織法認識史》，山東人民出版社，2013 年版。

116. 楊一凡：《明代立法研究》，中國社會科學出版社，2013 年版。

117. 楊一凡：《重新認識中國法律史》，社會科學文獻出版社，2013 年版。

118. 尤韶華：《歸善齋〈呂刑〉匯纂敘論》，社會科學文獻出版社，2013 年版。

119. 袁兆春：《孔府檔案的法律史料價值研究》，中國人民大學出版社，2013 年版。

120. 岳純之點校：《唐律疏議》，上海古籍出版社，2013 年版。

121. 張本順：《宋代家產爭訟及解紛》，商務印書館，2013 年版。

122. 張伯元：《出土法律文獻叢考》，上海人民出版社，2013 年版。

123. 張翅：《冤抑與訴訟：清代上控制度研究》，中國社會科學出版社，2013年版。

124. 張琮軍：《秦漢刑事證據制度研究》，中國政法大學出版社，2013年版。

125. 趙晶點校：《朝陽法科講義（第三卷）》，上海人民出版社，2013年版。

126. 中國政法大學法律古籍整理研究所：《中國古代法律文獻研究（第 7輯）》，社會科學文獻出版社，2013年版。

127. 周東平、朱騰：《法律史譯評》，北京大學出版社，2013年版。

128. 周會蕾：《中國近代法制史學史研究》，上海人民出版社，2013年版。

129. 祖偉：《中國古代證據制度及其理據研究》，法律出版社，2013年版。

130. （加）李耿信：《民初政黨和憲政實踐》，中國政法大學出版社，2014年版。

131. （日）中村裕一：《大唐六典的唐令研究：「開元七年令」說的檢討》，汲古書院，2014年版。

132. 曹小雲：《唐律疏議詞彙研究》，安徽大學出版社，2014年版。

133. 陳景良、鄭祝君：《中西法律傳統（第 10 卷）》，中國政法大學出版社，2014年版。

134. 陳曉聰：《中國古代佛教法初探》，法律出版社，2014年版。

135. 陳煜主編：《新路集（第三集）——第三屆張晉藩法律史學基金會徵文大賽獲獎作品集》，中國政法大學出版社，2014年版。

136. 陳煜主編：《新路集（第四集）——第三屆張晉藩法律史學基金會徵文大賽獲獎作品集》，中國政法大學出版社，2014年版。

137. 方瀟：《天學與法律：天學視域下中國古代法律「則天」之本源路徑及其意義探究》，北京大學出版社，2014年版。

138. 馮璟：《中國新禮治社會政治與法律傳統研究》，法律出版社，2014年版。

139. 馮卓惠：《唐代民事法律制度研究》，商務印書館，2014年版。

140. 馮卓慧：《漢代民事經濟法律制度研究——漢簡及文獻所見》，商務印書館，2014年版。

141. 馮卓慧：《商周民事經濟法律制度研究：卜辭、金文、先秦文獻所見》，商務印書館，2014年版。

142. 高明士：《中國中古禮律綜論——法文化的定型》，元照出版社，2014年版。

143. 高全喜：《尋找現代中國：穿越法政與歷史的對談》，法律出版社，2014年版。

144. 高旭晨：《中國近代法律思想述論》，社會科學文獻出版社，2014年版。

145. 公丕祥：《近代中國的司法發展》，法律出版社，2014年版。

146. 貴州省安順市檔案館、西南民族大學西南民族研究院編：《民國安順縣司法檔案資料選編第一集》，民族出版社，2014年版。

147. 郭衛編著、吳宏耀、郭恒點校：《民國大理院解釋例全文》，中國政法大學出版社，2014年版。

148. 何志輝：《華洋共處與法律多元：文化視角下的澳門法變遷》，法律出版社，2014年版。

149. 洪冬英、沈偉點校：《朝陽法科講義（第七卷）》，上海人民出版社，2014年版。

150. 黃源盛：《中國法史導論》，廣西師範大學出版社，2014年版。

151. 黃宗智、尤陳俊編：《歷史社會法學：中國的實踐法史與法理》，法律出版社，2014年版。

152. 黃宗智：《清代以來民事法律的表達與實踐（歷史、理論與現實）》，法律出版社，2014年版。

153. 賈文龍：《卑職與高峰：宋朝州級屬官司法職能研究》，人民出版社，2014年版。

154. 焦利：《清朝反貪大案》，人民出版社，2014年版。

155. 雷炳炎：《明代宗藩犯罪問題研究》，中華書局，2014年版。

156. 李啟成：《外來規則與固有習慣：祭田法制的近代轉型》，北京大學出版社，2014年版。

157. 李欣榮編：《中國近代思想家文庫：沈家本卷》，中國人民大學出版社，2014年版。

158. 李耀躍：《晚清鐵路對外借款法律問題研究》，法律出版社，2014年版。

159. 李葉宏：《唐朝絲綢之路與貿易管理法律制度研究》，中國社會科學出版社，2014年版。

160. 李遠明：《春秋時期司法研究：從糾紛解決的視角切入》，中國政法大學出版社，2014年版。

161. 里贊主編：《法律史評論（2013年卷）》，法律出版社，2014年版。

162. 劉典：《法眼看民國：別樣的民國法律史》，中國發展出版社，2014 年版。

163. 劉篤才、祖偉著：《民間規約與中國古代法律秩序》，社科文獻出版社，2014 年版。

164. 劉峰：《法律的故事：中國人的法律智慧》，中國法制出版社，2014 年版。

165. 劉雲生：《自貢鹽業契約語彙輯釋》，法律出版社，2014 年版。

166. 樓勁：《魏晉南北朝隋唐立法與法律體系（上下卷）》，中國社會科學出版社，2014 年版。

167. 呂世倫等著：《毛澤東鄧小平法律思想史》，武漢大學出版社，2014 年版。

168. 馬小紅：《古法新論：法的古今連接》，上海三聯書店，2014 年版。

169. 錢泳宏：《清代家庭暴力研究：夫妻相犯的法律》，商務印書館，2014 年版。

170. 上海商務印書館編譯所纂，李秀清、孟祥沛、汪世榮點校：《大清新法令（1901～1911）》，商務印書館，2014 年版。

171. 史新恒：《清末提法使研究》，社會科學文獻出版社，2014 年版。

172. 宋國華：《清代緝捕制度研究》，法律出版社，2014 年版。

173. 宋連生：《民國奇情大案》，人民出版社，2014 年版。

174. 蘇亦工、何悅敏點校：《朝陽法科講義（第二卷）》，上海人民出版社，2014 年版。

175. 滕超：《權力博弈中的晚清法律翻譯》，中國社會科學出版社，2014 年版。

176. 王東平：《清代回疆法律制度研究（1759～1884）》，黑龍江教育出版社，2014 年版。

177. 王人博：《法的中國性》，廣西師範大學出版社，2014 年版。

178. 王亞軍：《法家思想小史》，安徽人民出版社，2014 年版。

179. 吳吉遠：《清代地方政府司法職能研究》，故宮出版社，2014 年版。

180. 吳一鳴點校：《朝陽法科講義（第四卷）》，上海人民出版社，2014 年版。

181. 謝蔚：《晚清法部研究》，中國社會科學出版社，2014 年版。

182. 徐忠明、杜金：《誰是真凶——清代命案的政治法律分析》，廣西師範大

學出版社，2014 年版。

183. 徐忠明：《明鏡高懸：中國法律文化的多維觀照》，廣西師範大學出版社，2014 年版。

184. 徐忠明：《情感、循吏與明清時期司法實踐》，上海三聯書店，2014 年版。

185. 許章潤：《漢語法學論綱》，廣西師範大學出版社，2014 年版。

186. 閆曉君整理：《樂素堂文集》，法律出版社，2014 年版。

187. 閆曉君整理：《慎齋文集》，法律出版社，2014 年版。

188. 嚴泉：《民國國會與近代中國法制建設（1912～1924）》，商務印書館，2014 年版。

189. 楊一凡編：《清代成案選編》，社會科學文獻出版社，2014 年版。

190. 楊玉明：《明代公罪制度研究》，法律出版社，2014 年版。

191. 易述程編著：《法治天下》，現代出版社，2014 年版。

192. 余蔚：《中國古代地方監察體系運作機制研究》，上海古籍出版社，2014 年版。

193. 俞榮根：《風骨法苑幾多人》，商務印書館，2014 年版。

194. 張朝陽：《中國早期民法的建構》，中國政法大學出版社，2014 年版。

195. 張海峰：《唐代法律與佛教》，上海人民出版社，2014 年版。

196. 張晉藩主編：《制度、司法與變革：清代法律史專論》（三卷本），法律出版社，2014 年版。

197. 張卓明點校：《朝陽法科講義（第一卷）》，上海人民出版社，2014 年版。

198. 張紫葛、高紹先：《〈尚書〉法學內容譯注》，商務印書館，2014 年版。

199. 章燕：《清代法官的司法觀念》，法律出版社，2014 年版。

200. 趙晶：《〈天生令〉與唐宋法制考論》，上海古籍出版社，2014 年版。

201. 趙九燕、楊一凡編：《百年中國法律史學論文著作目錄》，社會科學文獻出版社，2014 年版。

202. 趙曉華：《近代法律與社會轉型》，經濟科學出版社，2014 年版。

203. 中國政法大學法律古籍整理研究所：《清代民國司法檔案與北京地區法制》，中國政法大學出版社，2014 年版。

204. 中國政法大學法律古籍整理研究所：《中國古代法律文獻研究（第 8 輯）》，社會科學文獻出版社，2014 年版。

205. 周東平、朱騰：《法律史譯評（2013 年卷），中國政法大學出版社，2014
年版。

206. 朱力宇主編：《彭真與我國的社會主義民主法制建設：國內關於彭真民
主法制思想的研究》，中國人民大學出版社，2014 年版。

207. 朱騰、王沛、水間大輔：《國家形態、思想、制度——先秦秦漢法律史的
若干問題研究》，廈門大學出版社，2014 年版。

208. 朱文慧：《南宋社會民間糾紛及其解決途徑研究》，上海古籍出版社，
2014 年版。

209. （日）川北靖之：《日唐律令法の基礎與研究》，國書刊行會 2015 年版。

210. （日）高橋芳郎著、李冰逆譯：《宋至清代身份法研究》，上海古籍出版
社，2015 年版。

211. （宋）竇儀等詳訂：《宋刑統校證》，岳純之校證，北京大學出版社，
2015 年版。

212. 畢連芳：《中國近代法官制度研究》，中國政法大學出版社，2015 年版。

213. 曾哲主編：《中華法系尋根：中華法學名著選讀》，中國人民大學出版
社，2015 年版。

214. 常安：《統一多民族國家的憲制變遷》，中國民主法制出版社，2015 年
版。

215. 陳新宇：《帝制中國的法源與適用：以比附問題為中心的展開》，上海人
民出版社，2015 年版。

216. 陳新宇：《尋找法律史上的失蹤者》，廣西師範大學出版社，2015 年版。

217. 陳煜主編：《新路集——第五屆張晉藩法律史學基金會徵文大賽獲獎作
品集》（第五集），中國政法大學出版社，2015 年版。

218. 陳兆肆：《清代私牢研究》，人民出版社，2015 年版。

219. 程驦：《歷史的潛流：律師風骨與民國春秋》，法律出版社，2015 年版。

220. 達力札布：《〈喀爾喀法規〉漢譯及研究》，中央民族大學出版社，2015
年版。

221. 方瀟主編：《東吳法學先賢文錄·法律史卷》，中國政法大學出版社，2015
年版。

222. 馮學偉：《明清契約的結構、功能及意義》，法律出版社，2015 年版。

223. 馮玉軍、閆桂梅、冉令標：《百年朝陽：歷史的紀念與仰望》，法律出版

社，2015 年版。

224. 馮玉軍：《百年朝陽：歷史的紀念與仰望》，法律出版社，2015 年版。

225. 高漢成：《〈大清新刑律〉與中國近代刑法繼受》，社會科學文獻出版社，2015 年版。

226. 高燕：《近代中國法理學的成長：學科、流派和體系》，法律出版社，2015 年版。

227. 高中華：《清朝旗民法律關係研究》，經濟管理出版社，2015 年版。

228. 郭道暉等著：《中國法治百年經緯》，中國民主法制出版社，2015 年版。

229. 韓立收：《不落夫家：黎族傳統親屬習慣法》，法律出版社，2015 年版。

230. 何莉萍：《民國時期永佃權研究》，商務印書館，2015 年版。

231. 何勤華、李秀清、陳頤主編：《「清末民國法律史料叢刊」輯要》，上海人民出版社，2015 年版。

232. 侯文昌：《敦煌吐蕃文契約文書研究》，法律出版社，2015 年版。

233. 胡鐵球：《明清歇家研究》，上海古籍出版社，2015 年版。

234. 胡興東：《中國少數民族法律史綱要》，中國社會科學出版社，2015 年版。

235. 黃宗智：《中國社會、經濟與法律的歷史與現實研究》，法律出版社，2015 年版。

236. 霍存福：《漢語言的法文化透視》，法律出版社，2015 年版。

237. 賈麗英：《秦漢家庭法研究：以出土簡牘為中心》，中國社會科學出版社出版 2015 年版。

238. 蔣波：《簡牘與秦漢民法研究》，中國社會科學出版社，2015 年版。

239. 賴駿楠：《國際法與晚清中國：文本、事件與政治》，上海人民出版社，2015 年版。

240. 李平龍：《中國近代法理學史研究》，法律出版社，2015 年版。

241. 李秀清：《中法西繹：〈中國叢報〉與十九世紀西方人的中國法律觀》，上海三聯書店，2015 年版。

242. 李雪梅：《法制鏤之金石傳統與明清碑禁體系》，中華書局，2015 年版。

243. 李玉基、劉曉林主編：《部門法史研究中的問題與方法：第三屆青年法史論壇文集》，法律出版社，2015 年版。

244. 里贊主編：《法律史評論（第 7 卷）》，法律出版社，2015 年版。

245. 里贊主編：《法律史評論（第 8 卷）》，法律出版社，2015 年版。

246. 梁鳳榮等著：《中國法律文化傳統傳承研究》，鄭州大學出版社，2015 年版。

247. 梁治平：《法辨：法律文化論集》，廣西師範大學出版社，2015 年版。

248. 梁治平：《禮教與法律：法律移植時代的文化衝突》，廣西師範大學出版社，2015 年版。

249. 梁治平：《清代習慣法》，廣西師範大學出版社，2015 年版。

250. 林乾、焦利：《清代監察大案》，中國方正出版社，2015 年版。

251. 林孝文：《清末君主立憲思想史》，光明日報出版社，2015 年版。

252. 劉廣安：《清代民族立法研究（修訂版）》，中國政法大學出版社，2015 年版。

253. 劉志松、閆文博、馮志偉：《先秦犯罪學學說叢論》，中國法制出版社，2015 年版。

254. 劉志勇：《清代〈受贓〉律例研究》，黑龍江大學出版社，2015 年版。

255. 呂虹：《清代司法檢驗制度研究》，中國政法大學出版社，2015 年版。

256. 馬慧玥：《近代華僑法律研究》，法律出版社，2015 年版。

257. 馬慧玥：《近代契約華工法律研究》，法律出版社，2015 年版。

258. 馬小紅：《中國法思想史新編》，南京大學出版社，2015 年版。

259. 馬作武：《先秦法律思想史》，中華書局，2015 年版。

260. 聶鑫：《中西之間：歷史與比較法視野下的法律現代化問題》，法律出版社，2015 年版。

261. 錢斌：《宋慈洗冤》，商務印書館，2015 年版。

262. 秦瑞玠：《大清著作權律釋義》，商務印書館，2015 年版。

263. 日本法政大學大學史資料委員會編、裴敬偉譯：《清國留學生法政速成科紀事》，廣西師範大學出版社，2015 年版。

264. 四川省檔案館編：《清代巴縣檔案整理初編·司法卷·乾隆朝》，西南交通大學出版社，2015 年版。

265. 宋傑：《漢代死刑制度研究》，人民出版社，2015 年版。

266. 蘇亦工：《天下歸仁：儒家文化與法》，人民出版社，2015 年版。

267. 蘇亦工：《西瞻東顧：固有法律及其嬗變》，法律出版社，2015 年版。

268. 王捷：《包山楚司法簡考論》，上海人民出版社，2015 年版。

269. 王立民、練育強、姚遠主編：《「西法東漸」與近代中國尋求法制自主性研究》，上海人民出版社，2015 年版。

270. 王沛主編：《出土文獻與法律史研究（第四輯）》，上海人民出版社，2015 年版。

271. 王千石、吳凡文：《清入關前的法文化》，中國政法大學出版社，2015 年版。

272. 王新舉：《明代贖刑制度研究》，中國財政經濟出版社，2015 年版。

273. 王揚：《宋代女性法律地位研究》，法律出版社，2015 年版。

274. 吳航宇：《古中國與古羅馬契約觀念及實踐的比較研究》，法律出版社，2015 年版。

275. 吳正茂：《清代婦女改嫁法律問題研究》，中國政法大學出版社，2015 年版。

276. 肖洪泳：《法律史：立場、方法與論域》，中國檢察出版社，2015 年版。

277. 謝瑞東：《張家山漢簡法律文獻與漢初社會控制》，社會科學文獻出版社，2015 年版。

278. 楊卉青：《宋代契約法律制度研究》，人民出版社，2015 年版。

279. 楊振紅：《出土簡牘與秦漢社會（續編）》，廣西師範大學出版社，2015 年版。

280. 殷嘯虎：《秦鏡高懸：中國古代的法律與社會》，北京大學出版社，2015 年版。

281. 尹伊君、杜鋼建、段秋關、林來梵著：《中國法學經典導讀》，商務印書館，2015 年版。

282. 張凡：《明代家產繼承與爭訟》，法律出版社，2015 年版。

283. 張晉藩、顧元主編：《制度、司法與變革——清代法律史專論》，法律出版社，2015 年版。

284. 張晉藩：《但開風氣不為先——我的學術自述》，中國民主法制出版社，2015 年版。

285. 張晉藩：《書序集》，中國民主法制出版社，2015 年版。

286. 張晉藩：《思悠集（增訂本）》，中國民主法制出版社，2015 年版。

287. 張晉藩：《學思欣錄——張晉藩自選集》，首都師範大學出版社，2015 年版。

288. 張晉藩：《依法治國與法史鏡鑒》，中國法制出版社，2015 年版。

289. 張晉藩主編：《制度、司法與變革：清代法律史專論（全三卷）》，法律出版社，2015 年版。

290. 張晉蒲、陳煜：《輝煌的中華法制文明》，江蘇人民出版社，2015 年版。

291. 張田田：《清代刑部的駁案經驗》，法制出版社，2015 年版。

292. 張文江：《秦漢家、戶法律研究：以家戶法律構造為視角》，人民日報出版社，2015 年版。

293. 張衍田：《中國古代法學文選注譯》，人民日報出版社，2015 年版。

294. 張中秋：《原理及其意義：探索中國法律文化之道》（第二版），中國政法大學出版社，2015 年版。

295. 張重豔、楊淑紅：《中國藏黑水城所出元代律令與詞訟文書整理與研究》，知識產權出版社，2015 年版。

296. 鍾放：《偽滿洲國的法治幻象》，商務印書館，2015 年版。

297. 周東平、朱騰主編：《法律史譯評（2014 年卷）》，中國政法大學出版社，2015 年版。

298. 周葉中、江國華主編：《中國近代人物憲制思想評論》五卷，中國政法大學出版社，2015 年版。

299. 朱繼勝：《瑤族習慣法研究》，中國法制出版社，2015 年版。

300. 朱勇主編：《中華法系》（第六卷），法律出版社，2015 年版。

301. 朱章寶：《法律現象變遷史》，山西人民出版社，2015 年版。

302. （德）陶安：《嶽麓秦簡復原研究》，上海古籍出版社，2016 年版。

303. （美）克拉倫斯·莫里斯、卜德：《中華帝國的法律》，朱勇譯，中信出版集團 2016 年版。

304. （清）劉衡：《讀律心得》，崇文書局，2016 年版。

305. （清）劉衡：《蜀僚問答》，崇文書局，2016 年版。

306. （清）沈家本輯：《沈家本輯刑案匯覽三編》，鳳凰出版社，2016 年版。

307. （清）伊桑阿等編著：《大清會典（康熙朝）》（全 4 冊），楊一凡、宋北平主編，鳳凰出版社，2016 年版。

308. （日）冨谷至：《漢唐法制史研究》，創文社，2016 年版。

309. （日）冨谷至：《中華帝國のジレンマ：禮的思想と法的秩序》，築摩書店，2016 年版。

310. （日）宮宅潔：《中國古代刑制史研究》，楊振紅等譯，廣西師範大學出版社，2016 年版。

311. （日）小野清一郎：《法律思想史概說》，河南人民出版社，2016 年版。

312. （宋）宋慈：《洗冤集錄譯注》，高隨捷、祝林森譯注，上海古籍出版社，2016 年版。

313. 阿風：《明清徽州訴訟文書研究》，上海古籍出版社，2016 年版。

314. 畢連芳：《中國近代法官制度研究》，中國政法大學出版社，2016 年版。

315. 伯‧巴雅爾賽汗、伯‧巴圖巴雅爾整理：《喀爾喀法典》，內蒙古教育出版社，2016 年版。

316. 曹恭翊：《法治通史》，河南人民出版社，2016 年版。

317. 曾代偉：《民族傳統法文化散論》，中國文史出版社，2016 年版。

318. 曾瓊：《新中國初期婚姻訴訟實踐與理念探析》，中國政法大學出版社，2016 年版。

319. 曾憲義、趙曉耕主編：《中國法制史》（第五版），中國人民大學出版社，2016 年版。

320. 陳顧遠：《中國法制史概要》，商務印書館，2016 年版。

321. 陳冀平、王其江主編：《董必武法學思想研究文集》，人民法院出版社，2016 年版。

322. 陳建平：《地方立法研究——民國初期四川地方立法的理論與實踐》，知識產權出版社，2016 年版。

323. 陳景良、鄭祝君主編：《中西法律傳統（第 12 卷）》，中國政法大學出版社，2016 年版。

324. 陳茹玄：《增訂中國憲法史》，河南人民出版社，2016 年版。

325. 陳武強：《宋代民族法制相關問題研究》，中國社會科學出版社，2016 年版。

326. 陳夏紅：《風骨：新舊時代的政法學人》，法律出版社，2016 年版。

327. 陳新宇、陳煜主編：《中國近代法律史講義》，九州島出版社，2016 年版。

328. 陳煜：《傳統中國的法律邏輯和司法推理——海外學者中國法論著選譯》，中國政法大學出版社，2016 年版。

329. 程樹德：《中國法制史》，河南人民出版社，2016 年版。

330. 程維榮：《傳統法律文化調處矛盾糾紛研究》，法律出版社，2016 年版。

331. 方樂：《民國時期法律解釋的理論與實踐》，北京大學出版社，2016 年版。

332. 費成康：《中國的家族法規》（修訂本），上海社會科學院出版社，2016 年版。

333. 鳳凰書品編著：《民國司法十案錄》，現代出版社，2016 年版。

334. 高海燕等著：《地契 366 年：清代以來中國房地產登記制度變遷研究》，北京：法律出版社，2016 年。

335. 高鴻鈞等編：《中國法律文化讀本》，清華大學出版社，2016 年版。

336. 高浣月主編：《中國古代法》，中國民主法制出版社，2016 年版。

337. 顧祝軒：《民法概念史》，法律出版社，2016 年版。

338. 關保英主編：《陝甘寧邊區行政救助法典彙編》，山東人民出版社，2016 年版。

339. 關保英主編：《陝甘寧邊區行政強制法典彙編》，山東人民出版社，2016 年版。

340. 關保英主編：《陝甘寧邊區行政組織法典彙編》，山東人民出版社，2016 年版。

341. 郭成偉主編：《擷英集粹：選集》，中國政法大學出版社，2016 年版。

342. 韓君玲：《中華民國法規大全（1912～1949）》，商務印書館，2016 年版。

343. 何青洲：《「人民司法」在中國的實踐路線》，中國政法大學出版社，2016 年版。

344. 何小平：《清代習慣法：租佃關係研究》，法律出版社，2016 年 6 月。

345. 何永軍：《中國古代司法的精神》，中國政法大學出版社，2016 年版。

346. 赫然：《法社會學視野下的滿族法文化活態研究》，知識產權出版社，2016 年版。

347. 侯欣一：《中國法律思想史》（第五版），中國政法大學出版社，2016 年版。

348. 胡祥雨：《清代法律的常規化：族群與等級》，社會科學文獻出版社，2016 年版。

349. 黃潔主編：《晚清民國法政期刊彙編》，九州島出版社，2016 年版。

350. 霍存福主編：《法律文化論叢》第 5 輯，知識產權出版社，2016 年版。

351. 霍存福主編：《法律文化論叢》第 6 輯，知識產權出版社，2016 年版。

352. 姜曉敏：《西漢對犯罪的預防與懲治》，北京師範大學出版社，2016 年版。

353. 姜歆：《西夏司法制度》，鳳凰出版社，2016 年版。

354. 金大寶主編：《中國法制史》，中南大學出版社，2016 年版。

355. 李敖主編：《唐律疏議‧佐治藥言》，天津古籍出版社，2016 年版。

356. 李鳳鳴：《中國法官懲戒的現代化轉型（1901～1949）》，法律出版社，2016 年版。

357. 李貴連、李啟成：《中華法史三千年（法律思想簡史）》，中國民主法制出版社，2016 年版。

358. 李貴連：《沈家本評傳（增補版）》，中國民主法制出版社，2016 年版。

359. 李君：《古案遺墨——史書法案新語》，知識產權出版社，2016 年版。

360. 李俊：《簡明中國法制史》，對外經貿大學出版社，2016 年版。

361. 李明曉：《兩漢魏晉南北朝石刻法律文獻整理與研究》，人民出版社，2016 年版。

362. 李鳴：《中國民族法制史綱》，民族出版社，2016 年版。

363. 李如鈞：《學校、法律、地方社會——宋元的學產糾紛與爭訟》，國立臺灣大學出版中心 2016 年版。

364. 李欣榮：《清季新刑律的創制修訂與禮法論爭》，社會科學文獻出版社，2016 年版。

365. 李雲霖：《樞機轉捩：近代中國代議制度研究》，中國政法大學出版社，2016 年版。

366. 栗銘徹點校：《大清現行刑律講義》，清華大學出版社，2016 年版。

367. 連宏、趙靜波：《漢唐刑罰演變特點研究》，光明日報出版社，2016 年版。

368. 劉高勇：《清代買賣契約研究：基於法治角度的解讀》，中國社會科學出版社，2016 年版。

369. 劉海年：《戰國秦代法制管窺》，中國社會科學出版社，2016 年版。

370. 劉平海：《中國古代法制史》，中國文史出版社，2016 年版。

371. 劉全娥：《陝甘寧邊區司法改革與「政法傳統」的形成》，人民出版社，2016 年版。

372. 劉昕：《宋代訟師訟學和州縣司法審判研究》，湖南人民出版社，2016 年版。

373. 柳立言主編：《史料與法史學》，中央研究院歷史語言研究所，2016 年版。

374. 龍圖法律研究院組編：《中國法制史攻略》，中國政法大學出版社，2016 年版。

375. 駱威：《南京國民政府時期的高等教育立法》，南京大學出版社，2016 年版。

376. 馬靜：《民國北京犯罪問題研究》，北京師範大學出版社，2016 年版。

377. 馬騰：《儒法合流與中國傳統法思想闡釋》，法律出版社，2016 年版。

378. 倪鐵：《中國傳統偵查制度的現代轉型：1906～1937 年偵查制度現代化的初期進展》，法律出版社，2016 年版。

379. 倪鐵：《中國偵查史論綱》，法律出版社，2016 年版。

380. 寧全紅：《出土先秦法律史料集釋》，四川大學出版社，2016 年版。

381. 潘潔：《〈天盛律令〉農業門整理研究》，上海古籍出版社，2016 年版。

382. 喬素玲：《近代廣東社會與地方法制發展》，法律出版社，2016 年版。

383. 沈瑋瑋、葉開強：《人民司法：司法文明建設的歷史實踐：1931～1959》，中山大學出版社，2016 年版。

384. 沈瑋瑋、葉開強：《中國法制的早期實踐：1927～1937》，世界圖書出版公司，2016 年版。

385. 沈瑋瑋：《持法深者無善治：中國古代立法繁簡之變》，法律出版社，2016 年版。

386. 宋經同、王明雯：《涼山彝族習慣法與傳統道德研究》，光明日報出版社，2016 年版。

387. 蘇亦工、謝晶等編：《舊律新詮──〈大清律例〉國際研討會論文集（第二卷）》，清華大學出版社，2016 年版。

388. 蘇亦工、謝晶等編：《舊律新詮──〈大清律例〉國際研討會論文集（第一卷）》，清華大學出版社，2016 年版。

389. 蘇亦工點校：《〈大清律例講義〉三種》，清華大學出版社，2016 年版。

390. 索南才讓編：《藏文典籍中的藏文世俗法規文獻記載的整理與研究》，西藏人民出版社，2016 年版。

391. 索南才讓編：《割據時代藏文世俗法規文獻整理與研究》，西藏人民出版社，2016 年版。

392. 汪娜：《近代中國商標法制的變遷：從寄生到自主的蛻變》，上海人民出版社，2016 年版。

393. 汪慶紅：《帝制中國法律統一適用保障機制研究》，法律出版社，2016 年版。

394. 王立民、高珣：《中國法制史》（第二版），科學出版社，2016 年版。

395. 王立民：《唐律新探（第五版）》，北京大學出版社，2016 年版。

396. 王立民：《中國法制史》（第二版），上海人民出版社，2016 年版。

397. 王立民：《中國租界法制初探》，法律出版社，2016 年版。

398. 王沛主編：《出土文獻與法律史研究》（第五輯），法律出版社，2016 年版。

399. 王啟濤：《敦煌西域法制文書語言研究》，人民出版社，2016 年版。

400. 王瑞山：《中國傳統治安思想研究：以「盜賊」為考察對象》，法律出版社，2016 年版。

401. 王曉龍、郭東旭等著：《宋代法律文明研究》，人民出版社，2016 年版。

402. 文霞：《秦漢奴婢的法律地位》，社會科學文獻出版社，2016 年版。

403. 吳傑：《清代「殺一家三」律、例辨析》，法律出版社，2016 年版。

404. 吳玉章、高旭晨主編：《中國法律史研究》（2016 年卷），社會科學文獻出版社，2016 年版。

405. 吳玉章、高旭晨主編：《中國法律史研究》（2016 年卷），社會科學文獻出版社，2016 年版。

406. 夏錦文、李玉生編：《唐典研究——錢大群教授唐律與〈唐六典〉研究觀點與評論》，北京大學出版社，2016 年版。

407. 謝冬慧：《民國時期行政權力制約機制研究：以南京國民政府行政審判制度為例》，法律出版社，2016 年版。

408. 謝凝高：《中國古代法制史話》，中國盲文出版社，2016 年版。

409. 謝振民：《中華民國立法史》，河南人民出版社，2016 年版。

410. 徐世虹主編：《中國古代法律文獻研究》第十輯，社科文獻出版社，2016 年版。

411. 徐文：《自貢鹽業契約研究》，法律出版社，2016 年版。

412. 閆曉君整理：吉同鈞《大清律講義》，知識產權出版社，2016 年版。

413. 閆曉君整理：吉同鈞《現行刑律講義》，知識產權出版社，2016 年版。

414. 楊華權：《中國著作權觀念的歷史解讀》，北京大學出版社，2016 年版。

415. 楊智梅主編：《中國監獄史》，法律出版社，2016 年版。

416. 楊一凡、（日）寺田浩明主編：《日本學者中國法制史論著選》（四卷），中華書局，2014 年版。

417. 楊一凡、陳靈海主編：《清代成案選編》乙編（30 冊）社會科學文獻出版社，2016 年版。

418. 楊一凡、劉篤才：《中國古代民間規約》，社會科學文獻出版社，2016 年版。

419. 楊一凡、朱騰：《歷代令考》，社會科學文獻出版社，2016 年版。

420. 楊一凡：《明大誥研究（修訂本）》，社會科學文獻出版社，2016 年版。

421. 于熠：《西夏法制的多元文化屬性：地理和民族特性影響初探》，中國政法大學出版社，2016 年版。

422. 俞榮根：《禮法傳統與中華法系》，中國民主法制出版社，2016 年版。

423. 張柏峰主編：《中國天津司法起源與發展》，法律出版社，2016 年版。

424. 張伯元：《律注文獻叢考》，社會科學文獻出版社，2016 年版。

425. 張春海：《唐律、高麗律比較研究：以法典及其適用為中心》，法律出版社，2016 年版。

426. 張凡：《明代家產繼承與爭訟》，法律出版出版社，2016 年版。

427. 張晉藩、林中：《法史鉤沉話智庫》，中國法制出版社，2016 年版。

428. 張晉藩：《師道師說（張晉藩卷）》，東方出版社，2016 年版。

429. 張晉藩：《中國法制史》（第五版），中國政法大學出版社，2016 年版。

430. 張晉藩：《中國憲法史》（修訂本），中國法制出版社，2016 年版。

431. 張生主編：《中國法律近代化論集（第三卷）》，中國政法大學出版社，2016 年版。

432. 張偉：《抗戰大後方刑事審判改革與實踐——以戰時首都重慶為中心的研究》，中國民主法制出版社，2016 年版。

433. 張衛民：《晚清對外交涉中的國際法運作》，人民出版社，2016 年版。

434. 張希坡：《中國近現代法制史研究：張希坡自選文集》，中共黨史出版社，2016 年版。

435. 張秀麗：《北京婢女研究》，北京師範大學出版社，2016 年版。

436. 張亞青：《周恩來法治思想研究》，中央文獻出版社，2016 年版。

437. 張中秋主編：《道與法——中國傳統法哲學新探》，中國政法大學出版社，2016 年版。

438. 趙秉志、陳志軍編：《中國近代刑法立法文獻彙編》，法律出版社，2016 年版。

439. 趙復強、楊金元：《古代判案評析》，中國政法大學出版社，2016 年版。

440. 趙曉耕：《中國法制史教學案例（第二版）》，清華大學出版社，2016 年版。

441. 趙曉耕：《中華歷代刑獄考》，清華大學出版社，2016 年版。

442. 趙曉耕主編：《中國法制史原理與案例教程》，中國人民大學出版社，2016 年版。

443. 中共瑞金市委黨史工作辦公室編：《中華蘇維埃共和國法制建設的理論與實踐研究》，中共黨史出版社，2016 年版。

444. 中華司法研究會編：《中華司法的歷史、現狀與未來》，人民法院出版社，2016 年版。

445. 周阿求：《民國時期婚姻法律問題研究》，上海人民出版社，2016 年版。

446. 周東平、朱騰主編：《法律史譯評》（2015 年卷），廣西師範大學出版社，2016 年版。

447. 朱瀟：《嶽麓書院藏秦簡〈為獄等狀四種〉與秦代法制研究》，中國政法大學出版社，2016 年版。

448. 朱勇主編：《中國法制史》（第三版），法律出版社，2016 年版。

449. 朱勇主編：《中華法系》（第七卷），法律出版社，2016 年版。

450. 朱勇主編：《中華法系》（第八卷），法律出版社，2016 年版。

451. （清）吉同鈞撰：《大清現行刑律講義》，栗銘徹點校，清華大學出版社，2017 年版。

452. （清）吉同鈞纂輯、閆曉君整理：《大清律講義》，知識產權出版社，2017 年版。

453. （清）吉同鈞纂輯、閆曉君整理：《大清現行刑律講義》，知識產權出版社，2017 年版。

454. （清）趙吉士：《牧堂愛編》，郝平點校，商務印書館，2017 年版。

455. （唐）長孫無忌等：《唐律疏議注譯》，袁文興、袁超校，甘肅人民出版社，2017 年版。

456. （日）大庭修：《秦漢法制史研究》，徐世虹等譯，中西書局，2017 年版。

457. （日）高橋文治、赤木崇敏、伊藤一馬、谷口高志、藤原祐子、山本明志著：《「元典章」が語ること：元代法令集の諸相》，大阪大學出版會，2017 年版。

458. （日）千葉正士：《亞洲法的多元性構造》，趙晶、楊怡悅、魏敏譯，中國政法大學出版社，2017 年版。

459. 《中國司法文明的歷史演進》編委會編寫：《中國司法文明的歷史演進》，法律出版社，2017 年版。

460. 柏樺：《罪與罰：柏樺說明清律例》，萬卷出版公司，2017 年版。

461. 卜健：《那個時代的貪贓枉法：清中期一批欽辦案件的啟示》，中國方正出版社，2017 年版。

462. 曾代偉：《民國時期重慶法院審判案例輯萃》，重慶大學出版社，2017 年版。

463. 陳登武：《地獄‧法律‧人間秩序：中古中國宗教、社會與國家》，「國立臺灣師範大學」出版中心 2017 年版。

464. 陳光中：《中國古代司法制度研究》，北京大學出版社，2017 年版。

465. 陳華麗：《近代審判公開啟蒙研究：以〈申報〉楊乃武案為視角》，中國政法大學出版社，2017 年版。

466. 陳景良、鄭祝君主編：《中西法律傳統（第 13 卷）》，中國政法大學出版社，2017 年版。

467. 陳少鋒、朱文龍、謝志民編著：《中央蘇區法制建設研究》，江西高校出版社，2017 年版。

468. 陳紹輝：《楚國法律制度研究》，湖北教育出版社，2017 年版。

469. 陳璽：《唐代刑事訴訟慣例研究》，科學出版社，2017 年版。

470. 陳新宇編：《徐道鄰法政文集》，清華大學出版社，2017 年版。

471. 陳煜主編：《新路集（第六集）：第六屆張晉藩法律史學基金會徵文大賽獲獎作品集》，中國政法大學出版社，2017 年版。

472. 程夢婧：《〈人權宣言〉在晚清中國的旅行》，廣西師範大學出版社，2017 年版。

473. 崔永東等著：《中國傳統司法文化研究》，人民出版社，2017 年版。

474. 鄧建鵬：《清末民初法律移植的困境：以訟費法規為視角》，法律出版社，2017 年版。

475. 董春林：《政治文化重建視閾下的南宋初期詔獄研究》，社會科學文獻出版社，2017 年版。

476. 法文化創意產品中心編著：《法韻中華》（古代篇），法律出版社，2017 年版。

477. 樊曉磊：《現代法治視野下荀子禮法思想述評》，中國政法大學出版社，2017 年版。

478. 范一丁：《古代契約法史稿》，法律出版社，2017 年版。

479. 方慧：《中華法系的新探索——少數民族法制史研究》，中國社會科學出版社，2017 年版。

480. 房麗、夏婷婷：《中國傳統法律制度的現代化研究》，知識產權出版社，2017 年版。

481. 高明士：《中國中古禮律綜論：法文化的定型》，商務印書館，2017 年版。

482. 何柏生主編：《中國傳統法律文化與法律價值》，法律出版社，2017 年版。

483. 何勤華：《法治的啟蒙》，法律出版社，2017 年版。

484. 何勤華主編：《孤寂的輝煌：外法史學人隨筆》，商務印書館出版社，2017 年版。

485. 何志輝主編：《法律文化研究》（第九輯），社會科學文獻出版社，2017 年版。

486. 侯欣一：《創制、運行及變異——民國時期西安地方法院研究》，商務印書館，2017 年版。

487. 華東政法大學法律史研究中心編：《法律史研究》第 5 輯（歐美學者研究中國法律史論文選譯專號），法律出版社，2017 年版。

488. 霍存福主編：《法律文化論叢》（第 7 輯），知識產權出版社，2017 年版。

489. 紀瀟雅、張琳、吳洛嬋：《德主刑輔：儒家法律思想要義》，法律出版社，2017 年版。

490. 李德嘉：《「德主刑輔」說之檢討》，中國政法大學出版社，2017 年版。

491. 李貴連、孫家紅編：《法政速成科講義錄（全 11 冊）（附《科目目錄》）》，廣西師範大學出版社，2017 年版。

492. 李貴連：《沈家本傳》（修訂本），廣西師範大學出版社，2017 年版。

493. 李貴連：《現代法治：沈家本的改革夢》，法律出版社，2017 年版。

494. 李清桓：《〈說文解字〉法律語域詞語與中國古代法律文化》上海古籍出版社，2017 年版。

495. 李曙光：《晚清職官法研究》，法律出版社，2017 年版。

496. 李秀清：《所謂司法：法律人的格局與近代司法轉型》，法律出版社，2017 年版。

497. 李雪梅主編：《法律文化研究》（第十輯），社會科學文獻出版社，2017 年版。

498. 李哲：《中國傳統社會墳山的法律考察——以清代為中心》，中國政法大學出版社，2017 年版。

499. 李貞德：《公主之死：你所不知道的中國法律史》，商務印書館，2017 年版。

500. 李志明：《傳統中國家族組織的公法職能——以明清兩代為中心的考察》，中國政法大學出版社，2017 年版。

501. 劉廣安、沈成寶：《清代法律體系辨析》，中國政法大學出版社，2017 年版。

502. 劉濤：《明〈大誥〉與明代社會管理》，山東大學出版社，2017 年版。

503. 羅洪啟：《清代刑事裁判司法論證研究——以刑部命案為中心的考察》，中國政法大學出版社，2017 年版。

504. 馬聰、王濤、曹旅寧主編：《出土文獻與法律史研究現狀學術研討會論文集》，暨南大學出版社，2017 年版。

505. 馬樹同、倪德海：《中華法系：世界法治文明中的中國貢獻》，法律出版社，2017 年版。

506. 馬小紅：《禮與法：法的歷史連接（修訂本）》，北京大學出版社，2017 年版。

507. 倪彬：《漢唐『匿哀』等罪研究》，花木蘭文化事業有限公司，2017 年版。

508. 乜小紅：《中國古代契約發展簡史》，中華書局，2017 年版。

509. 邱澎生、陳熙遠主編：《明清法律運作中的權力與文化》，廣西師範大學出版社，2017 年版。

510. 邱澎生：《當法律遇上經濟：明清中國的商業法律》，浙江大學出版社，2017 年版。

511. 饒傳平主編：《近代法律史研究（第 2 輯）：近代法律人的世界》，社會科學文獻出版社，2017 年版。

512. 尚琤：《中國古代法制文明專題史論》，中國政法大學出版社，2017 年版。

513. 沈歸、彭林、丁鼎：《傳統禮治與當代軟法》，北京大學出版社，2017 年版。

514. 宋國華：《元代法制變遷研究：以〈通制條格〉和〈至正條格〉為比較的考察》，知識產權出版社，2017 年版。

515. 宋洪兵：《韓學源流》，法律出版社，2017 年版。

516. 蘇力：《法律與文學：以中國傳統戲劇為材料》，生活·讀書·新知三聯書店，2017 年版。

517. 孫建權：《守本納新：遼金赦宥制度研究》，中國社會科學出版社，2017 年版。

518. 孫銘：《簡牘秦律分類輯析》，西北大學出版社，2017 年版。

519. 孫旭：《明代白話小說法律資料研究》，上海古籍出版社，2017 年版。

520. 談蕭：《近代中國商會法：制度演化與轉型秩序》，法律出版社，2017 年版。

521. 陶鍾靈：《法史新裁——民族與歷史視野中的法律》，中國社會科學出版社，2017 年版。

522. 滕文飛：《天鎮縣司法行政簡志》，山西經濟出版社，2017 年版。

523. 汪世榮等著：《人民調解的「福田模式」研究》，北京大學出版社，2017 年版。

524. 王捷主編：《出土文獻與法律史研究（第六輯）》，法律出版社，2017 年版。

525. 王立民：《法律史與法治建設》，法律出版社，2017 年版。

526. 王興振：《北魏王言制度》，花木蘭文化事業有限公司，2017 年版。

527. 王亞軍：《「無訟」中的明清徽商》，法律出版社，2017 年版。

528. 王志亮：《中國監獄史》，中國政法大學出版社，2017 年版。

529. 王志強：《清代國家法：多元差異與集權統一》，社會科學文獻出版社，2017 年版。

530. 吳豔紅、姜永琳：《明朝法律》，南京出版社，2017 年版。

531. 吳玉章主編：《中國法律史研究》（2017 年卷），社會科學文獻出版社，2017 年版。

532. 武樹臣：《法家法律文化通論》，商務印書館，2017 年版。

533. 徐秀玲：《隋唐五代宋初雇傭契約研究：以敦煌吐魯番出土文書為中心》，中國社會科學出版社，2017 年版。

534. 薛德樞、萬娟娟主編：《簡明中國法制史教程》，中國政法大學出版社，2017 年版。

535. 薛鋒：《清末修律中法理派人權思想及其當代價值研究》，中國政法大學出版社，2017 年版。

536. 閆文博：《清代倉庫律例研究》，法律出版社，2017 年版。

537. 楊洪澤：《多維視角下的唐律新探》，吉林大學出版社，2017 年版。

538. 楊立民：《清代違制律研究》，法律出版社，2017 年版。

539. 楊強：《近代內蒙古社會變遷與法制改革研究》，中國民主法制出版社，2017 年版。

540. 楊曉輝、尹巧蕊、梁翠：《中國近代司法改革視野下的司法行政制度研究》，中國政法大學出版社，2017 年版。

541. 楊一凡、劉篤才編：《中國古代民間規約》，社會科學文獻出版社，2017 年版。

542. 楊一凡、朱騰主編：《歷代令考》，社會科學文獻出版社，2017 年版。

543. 楊幼炯：《近代中國立法史》，河南人民出版社，2017 年版。

544. 葉孝信、郭建主編：《中國法制史》（第三版），復旦大學出版社，2017 年版。

545. 張晉藩：《中國法制史十五講》，人民出版社，2017 年版。

546. 張晉藩主編：《中國近代監察制度與法制研究》，中國法制出版社，2017 年版。

547. 張晉藩主編：《中國少數民族法史通覽》，陝西人民出版社，2017 年版。

548. 張群：《中國保密法制史研究》，上海人民出版社，2017 年版。

549. 張生主編：《中國法律近代化論集》第 4 卷，中國政法大學出版社，2017 年版。

550. 張世明、王濟東、李明主編：《清代司法演變內在邏輯貫通論：新歷史法學實踐》，社會科學文獻出版社，2017 年版。

551. 張田田：《〈大清律例〉律目研究》，法律出版社，2017 年版。

552. 張希坡編著：《革命根據地法律文獻選輯（第一輯），中國人民大學出版社，2017 年版。

553. 趙國輝主編：《交涉中的「西法東漸」學術研討會論文集》，中國政法大學出版社，2017 年版。

554. 趙勇：《民國北京政府行政訴訟制度研究》，中國政法大學出版社，2017 年版。

555. 鄭顯文編著：《中國法制史》，中國法制出版社，2017 年版。

556. 朱聲敏：《明代州縣官司法瀆職研究》，天津古籍出版社，2017 年版。

557. 朱勇：《清代宗族法研究》，法律出版社，2017 年版。

558. 朱勇：《中國法制史》（第二版），中國政法大學出版社，2017 年版。

559. 朱勇主編：《中華法系》（第九卷），中國政法大學出版社，2017 年版。

560. 朱勇主編：《中華法系》（第十卷），法律出版社，2017 年版。

561. 包偉民主編：《龍泉司法檔案選編》第三輯，中華書局，2018 年版。

562. 曹旅寧：《法制史論集》，法律出版社，2018 年版。

563. 陳景良、鄭祝君主編《中西法律傳統》第 14 卷，中國政法大學出版社，2018 年版。

564. 陳璽：《唐代錢法考》，社科文獻出版社，2018 年版。

565. 陳新宇、楊同宇主編：《法史學經典著作研讀：中華帝國的法律》，清華大學出版社，2019 年版。

566. 陳煜主編：《新路集》（第七集），中國政法大學出版社，2018 年版。

567. 程維榮：《新民主主義革命時期中國黨黨內法規》，上海三聯書店，2018 年版。

568. 杜文忠：《王者無外：中國王朝治邊法律史》，上海古籍出版社，2018 年版。

569. 段秋關：《中國現代法治及其歷史根基》，商務印書館，2018 年版。

570. 高學強：《服制視野下的清代法律》，法律出版社，2018 年版。

571. 顧元：《服制命案、干分嫁娶與清代衡平司法》，法律出版社，2018 年版。

572. 郭義貴：《「三言」中的法律》，知識產權出版社，2018 年版。

573. 韓偉、馬成主編：《陝甘寧邊區法制史稿‧民法篇》，法律出版社，2018 年版。

574. 胡興東：《宋朝立法通考》，中國社會科學出版社，2018 年版。

575. 胡興東主編：《時空鏡象下的民族法制史》，人民出版社，2018 年版。

576. 霍存福主編：《法律文化論叢》（第八輯），知識產權出版社，2018 年版。

577. 霍存福主編：《法律文化論叢》（第九輯），知識產權出版社，2018 年版。

578. 吉同鈞纂輯、閆曉君整理《大清律例講義》，知識產權出版社，2018 年版。

579. 焦利：《清代監察法及其效能分析》，法律出版社，2018 年版。

580. 李雪梅編：《法韻中華》（古代篇）2019 年，法律出版社，2018 年版。

581. 李在全：《變動時代的法律職業者：中國現代司法官個體與群體（1906～1928）》，社科文獻出版社，2018 年版。

582. 里贊、劉昕杰：《法律史評論》第 11 卷，社會科學文獻出版社，2018 年版。

583. 劉雙怡、李華瑞：《天盛律令》與《慶元條法事類》比較研究，社會科學文獻出版社，2018 年版。

584. 聶鑫：《近代中國的司法》，商務印書館，2018 年版。

585. 齊偉玲：《秦漢刑事法律適用研究》，北京大學出版社，2018 年版。

586. 秦濤：《律令時代的「議事以制」：漢代集議制研究》，中國法制出版社，2018 年版。

587. 邱立波：《禮法與國體：兩漢政治的歷史與經驗》，中央編譯出版社，2018 年版。

588. 石冬梅：《唐代死刑制度研究》，人民出版社，2018 年版。

589. 石俊志：《中國古代貨幣法二十講》，法律出版社，2018 年版。

590. 王立民：《古代東方法》，北京大學出版社，2018 年版。

591. 王沛：《刑書與道術：大變局下的早期中國法西周、戰國時期的中國法律秩序》，法律出版社，2018 年版。

592. 王帥一：《明月清風：明清時代的人契約與國家》，社科文獻出版社，

2018 年版。

593. 王帥一點校：《朝陽法科講義（第五卷）》，上海人民出版社，2018 年版。

594. 王占通：《中國古代法律思想史新論》，北京大學出版社，2018 年版。

595. 吳春雷：《中國古代法官制度研究》，中國政法大學出版社，2018 年版。

596. 西南民族大學法學院《西南法學》第一卷，社科文獻出版社，2018 年版。

597. 謝志民：《民國時期江西縣司法處研究》，商務印書館，2018 年版。

598. 徐世虹等：《秦律研究》，武漢大學出版社，2018 年版。

599. 楊天宏：《革故鼎新：民國前期的法律與政治》，生活・讀書・新知三聯書店，2018 年版。

600. 楊一凡編：《中國律學文獻》第五輯（14 冊），社會科學文獻出版社，2018 年版。

601. 楊一凡編：《古代珍稀法律典籍新編》（30 冊），中國民主法制出版社，2018 年版。

602. 姚遠主編：《出土文獻與法律史研究》第七輯，法律出版社，2018 年版。

603. 尤韶華：《歸善齋〈尚書〉別詁十種章句集解》（全 3 卷），中國社會科學出版社，2018 年版。

604. 俞榮根：《儒家法思想通論》，商務印書館，2018 年版。

605. 張晉藩：《鑒古明今：傳統法文化的現實意義》，中國政法大學出版社，2018 年版。

606. 張晉藩：《中國傳統法律文化十二講》，高等教育出版社，2018 年版。

607. 張晉藩：《中國古代民事訴訟制度》，中國法制出版社，2018 年版。

608. 張晉藩：《中華法系論輯（1980～2016）》，中國政法大學出版社，2018 年版。

609. 張群：《西方保密法制劄記》，金城出版社，2018 年版。

610. 張仁善：《中國法律文明》，南京大學出版社，2018 年版。

611. 張中秋：《法與理：中國傳統法理及其當代價值研究》，中國政法大學出版社，2018 年版。

612. 趙天寶：《中國古代資格刑研究：以禁錮為中心考察》，法律出版社，2018 年版。

613. 中國政法大學法律古籍整理研究所編：《中國古代法律文獻研究》（第十二卷），社會科學文獻出版社，2018 年版。

614. 周東平主編：《〈晉書・刑法志〉譯注》，人民出版社，2018 年版。

615. 朱勇主編：《中華法系》（第十卷），法律出版社，2018 年版。

616. 朱勇主編：《中華法系》（第十一卷），法律出版社，2018 年版。

617. （德）託馬斯・杜斐：《全球法律史導論》，商務印書館，2019 年版。

618. 《中國法制史》編寫組：《中國法制史》（第二版），高等教育出版社，2019 年版。

619. 柏樺：《中國古代政治法律制度史析》，天津人民出版社，2019 年版。

620. 蔡煜：《中國公證史編年（1902〜1979）》，上海人民出版社，2019 年版。

621. 陳松長等著：《嶽麓秦簡與秦代法律制度研究》，經濟科學出版社，2019 年版。

622. 陳新宇：《尋找法律史上的失蹤者》（修訂版），商務印書館，2019 年版。

623. 陳旭：《〈天盛改舊新定律令〉與中華法系綜合研究》，中國社會科學出版社，2019 年版。

624. 戴建國：《宋代法制研究叢稿》，中西書局，2019 年版。

625. 丁凌華：《中國法律制度史講課實錄》，人民出版社，2019 年版。

626. 丁凌華主編：《中國法律思想史》，科學出版社，2019 年版。

627. 高其才：《當代中國的習慣法世界》，中國政法大學出版社，2019 年版。

628. 高旭晨：《在神權與王權之間——中國古代宗教法律規制述略》，中國社會科學出版社，2019 年版。

629. 何勒華、錢泳宏等著：《法律文明史・第 7 卷・中華法系》，商務印書館，2019 年版。

630. 何志輝：《澳門法制史新編》，社會科學文獻出版社，2019 年版。

631. 胡震：《清代省級地方立法：以「省例」為中心》，社會科學文獻出版社，2019 年版。

632. 華東政法大學法律史研究中心編：《法律史研究》第 6 輯，法律出版社，2019 年版。

633. 黎明釗編：《東漢的法律、行政與社會：長沙五一廣場東漢簡牘探索》，三聯書店（香港）有限公司，2019 年版。

634. 李貴連、李啟成：《中國法律思想史》（第二版），北京大學出版社，2019年版。

635. 李傑：《中國傳統法律文化的當代價值》，遼海出版社，2019年版。

636. 李相森：《民國法律解釋制度研究》，北京大學出版社，2019年版。

637. 里贊主編：《法律史評論》（2019年第1卷），社會科學文獻出版社，2019年版。

638. 里贊主編：《法律史評論（2019年第2卷），社會科學文獻出版社，2019年版。

639. 梁健：《曹魏法制綜考》，知識產權出版社，2019年版。

640. 林乾：《治官與治民：清代律例法研究》，中國政法大學出版社，2019年版。

641. 林學忠：《從萬國公法到公法外交：晚清國際法的傳入、詮釋與應用》，上海古籍出版社，2019年版。

642. 鹿智鈞：《國家根本與皇帝世僕：清朝旗人的法律地位》，東方出版中心2019年版。

643. 律璞：《兩漢法官文化價值分析》，知識產權出版社，2019年版。

644. 馬成主編：《陝甘寧邊區法制史概論》，高等教育出版社，2019年版。

645. 馬慧玥：《近代華僑教育政策與法律研究》，法律出版社，2019年版。

646. 馬青連：《清代理藩院的法律功能研究》，中國社會科學出版社，2019年版。

647. 馬肖印：《中國古代刑罰史略》，南開大學出版社，2019年版。

648. 乜小紅、陳國燦主編：《絲綢之路出土各族契約文獻研究論集》，中華書局，2019年版。

649. 聶鑫：《近代中國的司法》，商務印書館，2019年版。

650. 齊文遠：《中國監察文化簡史》，中國法制出版社，2019年版。

651. 秦濤：《別笑！這才是中國法律史》，中國法制出版社，2019年版。

652. 沈橋林：《〈臨時約法〉的新理想與舊思維》，廈門大學出版社，2019年版。

653. 沈瑋瑋：《見微知著：中國法律史的政治邏輯與技藝理性》，華南理工大學出版社，2019年版。

654. 沈瑋瑋：《中國古代地方治理法制經驗研究》，法律出版社，2019年版。

655. 石冬梅：《唐代死刑制度研究》，人民出版社，2019年版。

656. 田野：《唐代制定法與判例中的家族秩序》，西南交通大學出版社，2019年版。

657. 涂懷京：《中小學教師法制史（1949～2009年）》，經濟管理出版社，2019年版。

658. 王宏治：《中國刑法史講義：先秦至清代》，商務印書館，2019年版。

659. 王立民、洪佳期、高珣：《中國法制史研究70年》，上海人民出版社，2019年版。

660. 王立民主編：《中國法制史》（第二版），上海人民出版社，2019年版。

661. 王偉：《中國近代留洋法學博士考（第二版）》，上海人民出版社，2019年版。

662. 王文濤：《宋例與宋代法律體系研究》，中國政法大學出版社，2019年版。

663. 吳保平：《韓非刑名邏輯思想的淵源及社會功能研究》，學習出版社，2019年版。

664. 熊達雲：《洋律徂東：中國近代法制的構建與日籍顧問》，社科學文獻出版社，2019年版。

665. 徐燕斌：《中國古代法律傳播史稿》，中國社會科學出版社，2019年版。

666. 徐忠明：《情感、循吏與明清時期司法實踐》，譯林出版社，2019年版。

667. 徐州市檔案局（館）編：《侵華日軍戰犯徐州審判檔案彙編》，國家圖書館出版社，2019年版。

668. 閆強樂：《趙舒翹年譜》，花木蘭文化事業有限公司，2019年版。

669. 閆曉君：《陝派律學家編年事蹟考證》，法律出版社，2019年版。

670. 楊一凡主編：《清代判牘案例彙編》甲編、乙編（全一百冊），社科文獻出版社，2019年版。

671. 殷嘯虎：《公堂內外：明清訟師與州縣衙門》，上海交通大學出版社，2019年版。

672. 喻中：《梁啟超與中國現代法學的興起》，中國人民大學出版社，2019年版。

673. 張晉藩：《中國監察法制史》，商務印書館，2019年版。

674. 張晉藩：《中國憲法史（修訂版）》，中國法制出版社，2019年版。

675. 張晉藩總主編：《清代冕寧司法檔案全編（第一輯）》，法律出版社，2019年版。

676. 張生、高漢成主編：《法律史學人的堅守與追尋》，社會科學文獻出版社，2019 年版。

677. 張生、鄒亞莎：《仁道與中國古代法統秩序研究》，黑龍江教育出版社，2019 年版。

678. 張田田：《案例故事中的清代刑法史初探》，法律出版社，2019 年版。

679. 張希坡編著：《革命根據地法律文獻選輯（第四輯）》，中國人民大學出版社，2019 年版。

680. 張學謙：《中國政法文化百年史》，南京師範大學出版社，2019 年版。

681. 張中秋：《傳統中國法理觀》，法律出版社，2019 年版。

682. 張中秋：《中西法律文化比較研究》（第五版），法律出版社，2019 年版。

683. 趙晶：《三尺春秋——法史述繹集》，中國政法大學出版社，2019 年版。

684. 趙晶主編：《法律文化研究》（敦煌、吐魯番漢文法律文獻專題），社會科學文獻出版社，2019 年版。

685. 趙曉耕主編：《中國法律史》，高等教育出版社，2019 年版。

686. 趙曉華：《晚清訟獄制度的社會考察》，黑龍江教育出版社，2019 年版。

687. 鄭小悠：《清代的案與刑》，山西人民出版社，2019 年版。

688. 中國政法大學法律古籍整理研究所編：《中國古代法律文獻研究（第 13 輯）》，社會科學文獻出版社，2019 年版。

689. 中國政法大學法律古籍整理研究所編：《中國古代法律文獻研究》（第十二輯），社會科學文獻出版社，2019 年版。

690. 周名峰：《名公書判清明集校釋：官吏門・賦役門・文事門》，法律出版社，2019 年版。

691. 周穎：《近代中國少年司法的啟動》，法律出版社，2019 年版。

692. 朱俊生、袁鐸珍、康冉、文利芳：《宋、明、清自治性福利及其現代意蘊》，首都經濟貿易大學出版社，2019 年版。

693. 朱騰：《早期中國禮的演變：以春秋三傳為中心》，商務印書館，2019 年版。

694. 朱勇主編：《中國法律史》，高等教育出版社，2019 年版。

695. 朱勇主編：《中華法系》（第十二卷），法律出版社，2019 年版。

696. （美）胡宗綺：《意欲何為：清代以來刑事法律中的意圖譜系》，景風華譯，廣西師範大學出版社，2020 年版。

697. （宋）宋慈：《洗冤集錄》，胡志泉注，團結出版社，2020 年版。

698. （宋）宋慈：《洗冤集錄》，韓健平整理，湖南科學技術出版社，2020 年版。

699. 《河南法律史》本書編委會編：《河南法律史》，河南人民出版社，2020 年版。

700. 畢連芳：《中國司法審判制度近代化研究》，中國政法大學出版社，2020 年版。

701. 卞利主編：《徽州民間規約文獻精編》，安徽教育出版社，2020 年版。

702. 曹恭翊編纂：《法治通史》，河南人民出版社，2020 年版。

703. 陳景良、鄭祝君主編、李棟執行主編：《中西法律傳統》第 15 卷，中國政法大學出版社，2020 年版。

704. 陳俊強主編：《中國歷史文化新論：高明士教授八秩嵩壽文集》，元華文創股份有限公司，2020 年版。

705. 陳靈海主編：《法律史研究》（第 6 輯），法律出版社，2020 年版。

706. 陳鵬飛：《一帶一路法制尋蹤：亞歐法制文明精義及其嬗變》，中國法制出版社，2020 年版。

707. 陳銳：《中國傳統法律方法論》，中國社會科學出版社，2020 年版。

708. 陳曉楓：《中國近代憲法史》，商務印書館，2020 年版。

709. 陳新宇、翟家駿、楊同宇主編：《法史學經典著作研讀·寄簃文存》，九州島出版社，2020 年版。

710. 陳新宇：《陳說新語》，九州島出版社，2020 年版。

711. 成富磊：《禮之退隱：近代中國刑律變動及其思想爭論》，復旦大學出版社，2020 年版。

712. 程樹德：《程樹德講漢律考》，河海大學出版社，2020 年版。

713. 程維榮、胡譯之等著：《中國傳統法律文化概論》，上海社會科學院出版社，2020 年版。

714. 程維榮：《中國傳統法律文化概論》，上海社會科學院出版社有限公司，2020 年版。

715. 戴建國：《宋代法制研究叢稿》，中西書局，2020 年版。

716. 戴建國：《秩序之間：唐宋法典與制度研究》，上海人民出版社，2020 年版。

717. 鄧建鵬主編：《法制的歷史維度》，法律出版社，2020 年版。

718. 鄧慶平主編：《多元視域下的近世法律與中國社會》，中國政法大學出版社，2020 年版。

719. 段曉彥：《刑民之間——「現行律民事有效部分」研究》，中國法制出版社，2020 年版。

720. 段知壯：《唐代涉僧法律問題研究》，中國社會科學出版社，2020 年版。

721. 高明士：《中國中古禮律綜論續編：禮教與法制》，元照出版社，2020 年版。

722. 邰俊斌：《漢代三公犯罪研究》，九州島出版社，2020 年版。

723. 郭建：《中國傳統法律文化精講》，復旦大學出版社，2020 年版。

724. 郝鐵川：《楊兆龍評傳》，北京大學出版社，2020 年版。

725. 何永軍：《中國古代法制的思想》，中華書局，2020 年版。

726. 何永軍：《中國古代司法精神》，中國政法大學出版社，2020 年版。

727. 赫然：《法社會學視野下的滿族法文化活態研究》，法律出版社，2020 年版。

728. 侯欣一：《百年法治進程中的人和事》，商務印書館，2020 年版。

729. 侯欣一：《從司法為民到大眾司法：陝甘寧邊區大眾化司法制度研究（1937～1949）》，生活・讀書・新知三聯書店，2020 年版。

730. 胡興東、劉婷婷：《〈續資治通鑒長編〉法律史料輯錄》，中國社會科學出版社，2020 年版。

731. 胡興東：《歷史文獻所見雲南少數民族民事習慣選輯》，中國社會科學出版社，2020 年版。

732. 胡興東：《宋元斷例輯考》，社科文獻出版社，2020 年版。

733. 黃道誠：《宋代偵查勘驗制度研究》，中國政法大學出版社，2020 年版。

734. 黃瑞亭、胡丙傑、劉通：《名公宋慈書判研究》，線裝書局，2020 年版。

735. 黃瑞亭、胡丙傑：《中國近現代法醫學史》，中山大學出版社，2020 年版。

736. 黃源盛：《漢唐法制與儒家傳統（增訂本）》，廣西師範大學出版社，2020 年版。

737. 康建勝：《新舊之間：〈樊山證書〉中的清末變法與省級司法》，中華書局，2020 年版。

738. 賴惠敏：《但問旗民：清代的法律與社會》，中華書局，2020 年版。

739. 李功國編：《法律文化概論》，中國社會科學出版社，2020 年版。

740. 李平：《中國上古的傳說、歷史與法文化》，九州島出版社，2020 年版。

741. 李雪梅：《中國古代石刻法律文獻敘錄》，上海古籍出版社，2020 年版。

742. 李貞德：《公主之死：你所不知道的中國法律史》（修訂二版），三民書局，2020 年版。

743. 里贊、劉昕杰主編：《法律與歷史：傳統制度的地方化與近代化》，四川大學出版社，2020 年版。

744. 梁治平：《法辨：法律文化論集》，廣西師範大學出版社，2020 年版。

745. 梁治平：《法意與人情》，廣西師範大學出版社，2020 年版。

746. 梁治平：《禮教與法律：法律移植時代的文化衝突》，廣西師範大學出版社，2020 年版。

747. 梁治平：《論法治與德治：對中國法律現代化運動的內在觀察》，九州島出版社，2020 年版。

748. 梁治平：《清代習慣法》，廣西師範大學出版社，2020 年版。

749. 梁治平：《為政：古代中國的致治理念》，生活・讀書・新知三聯書店，2020 年版。

750. 梁治平：《尋求自然秩序中的和諧：中國傳統法律文化研究》，商務印書館，2020 年版。

751. 林儀明：《新中國公訴制度史──以上海檢察機關的實踐為中心》2020 年版。

752. 劉楷悅：《民國時期的法律與法學》，四川大學出版社，2020 年版。

753. 劉曉林：《唐律立法語言、立法技術及法典體例研究》，商務印書館，2020 年版。

754. 劉昕杰主編：《法律史研究方法與實例》，四川大學出版社，2020 年版。

755. 劉雲：《宋代產權制度研究》，中國社會科學出版社，2020 年版。

756. 龍大軒主編：《中國法律史》，法律出版社，2020 年版。

757. 陸侃怡：《中國古代司法行政化研究》，中國政法大學出版社，2020 年版。

758. 陸衛民：《聽見──上海法院壯麗 70 年》，上海交通大學出版社，2020 年版。

759. 馬鳳春：《「例」的法律史研究》，中國政法大學出版社，2020 年版。

760. 馬泓波：《〈宋會要輯稿·刑法〉研究》，人民出版社，2020 年版。

761. 馬小紅等著：《中國法律史教程》，商務印書館，2020 年版。

762. 麼振華：《唐代法律案例研究》（碑誌文書卷），上海古籍出版社，2020 年版。

763. 南玉泉：《從封建到帝國的禮法嬗變——先秦兩漢法律史論集》，中國政法大學出版社，2020 年版。

764. 聶鑫：《中國公法史講義》，商務印書館，2020 年版。

765. 彭劍：《欽定、協定與民定：清季制憲研究》，北京師範大學出版社，2020 年版。

766. 尚春霞：《清代賦稅法律制度研究（1644～1840 年）》，中國書籍出版社，2020 年版。

767. 沈志林：《耕讀傳家習律則：地域文化視野的法治映像》，上海書店出版社，2020 年版。

768. 蘇亦工：《明清律典與條例》（修訂版），商務印書館，2020 年版。

769. 孫家紅：《散佚與重現：從薛允升遺稿看晚清律學》，社會科學文獻出版社，2020 年版。

770. 童洪錫：《法解文史：文史作品中法律縱橫談》，人民法院出版社，2020 年版。

771. 王紅梅：《近代司法的社會化變革——以清末民初商會理案為中心的》，中國社會科學出版社，2020 年版。

772. 王宏治主編：《歷代法典說略》，北京燕山出版社，2020 年版。

773. 王健：《西法東漸：外國人和中國法的近代變革》，譯林出版社，2020 年版。

774. 王捷主編：《出土文獻與法律史研究》（第八輯），法律出版社，2020 年版。

775. 王捷主編：《出土文獻與法律史研究》（第九輯），法律出版社，2020 年版。

776. 王沛主編：《中國法律史入門筆記》，法律出版社，2020 年版。

777. 王啟濤主編：《吐魯番文獻合集·契約卷》，巴蜀書社，2020 年版。

778. 王志亮：《中國監獄史——從待審待刑羈押到行刑監禁的蛻變》，中國政法大學出版社，2020 年版。

779. 吳慧：《中國鹽法史》，社會科學文獻出版社，2020 年版。

780. 武樹臣：《中國法的源與流》，人民出版社，2020 年版。

781. 夏錦文：《傳承與創新——中國傳統法律文化的現代價值》，中國人民大學出版社，2020 年版。

782. 楊鶴皋：《中國法律思想史》，北京大學出版社，2020 年版。

783. 楊鴻烈：《中國法律思想史》，商務印書館，2020 年版。

784. 楊一凡、陳靈海主編：《重述中國法律史（第一輯）》，中國政法大學出版社，2020 年版。

785. 楊一凡、王若時編：《明清珍稀食貨立法資料輯存》，社科文獻出版社，2020 年版。

786. 于熠：《史料中的習慣與規則：湖湘地區方志中民商事習慣史料的整理注釋與研究》，學苑出版社，2020 年版。

787. 于語和：《中國法律思想史專題述要》，清華大學出版社，2020 年版。

788. 于語和主編：《中國法律思想史專題述要》，清華大學出版社，2020 年版。

789. 俞榮根：《應天理，順人情——儒家法文化》，山東教育出版社，2020 年版。

790. 袁瑜琤：《中國傳統法律文化十二講——一場基於正義與秩序維度的考慮》，北京大學出版社，2020 年版。

791. 張本照：《清代取保候審研究》，法律出版社，2020 年版。

792. 張春海：《中國古代立法模式演進史：兩漢至宋》，南京大學出版社，2020 年版。

793. 張生主編：《法史學刊》（第 15 卷），社科文獻出版社，2020 年版。

794. 張生主編：《中華人民共和國立法史（1949～2019 年）》，法律出版社，2020 年版。

795. 張世明：《法律、資源與時空建構：1644～1945 年的中國》，廣東人民出版社，2020 年版。

796. 張婷：《律例的傳播：印刷媒介與清代法律知識》，華盛頓大學出版社，2020 年版。

797. 張希坡編著：《革命根據地法律文獻選輯》，中國人民大學出版社，2020 年版。

798. 張學亮：《傳統中國的犯罪與刑罰：以〈水滸傳〉為素材》，北京大學出版社，2020 年版。

799. 張志京：《法律文化綱要》，復旦大學出版社，2020 年版。

800. 張智遠、王樞、王熾昌：《檢察制度詳考》，中國檢察出版社，2020 年版。

801. 趙晶：《〈天聖令〉與唐宋法制考論》，上海古籍出版社，2020 年版。

802. 趙晶：《三尺春秋——法史述繹集》，臺北元華文創股份有限公司，2020 年版。

803. 趙曉耕主編：《北宋士大夫的法律觀——蘇洵、蘇軾、蘇轍法治理念與傳統法律文化》，北京大學出版社，2020 年版。

804. 鄭顯文：《中國古代的法典、制度和禮法社會》，中國法制出版社，2020 年版。

805. 鄭顯文主編：《絲綢之路沿線新發現的漢唐時期法律文書研究》，中國法制出版社，2020 年版。

806. 中國法學會法學教育研究會、北京市曾憲義法學教育與法律文化基金會編：《曾憲義與中國法學教育》，中國人民大學出版社，2020 年版。

807. 中國政法大學法律古籍整理研究所編：《中國古代法律文獻研究》第 14 輯，社科文獻出版社，2020 年版。

808. 周東平主編：《〈晉書·刑法志〉譯注》，人民出版社，2020 年版。

809. 周名峰：《名公書判清明集校釋（戶婚門）》，法律出版社，2020 年版。

810. 周名峰校釋：《名公書判清明集校釋（人倫門·人品門·懲惡門）》，法律出版社，2020 年版。

811. 周思成：《規訓、懲罰與征服：蒙元帝國的軍事禮儀與軍事法》，山西人民出版社，2020 年版。

812. 朱勇主編：《中華法系》（第十三卷），法律出版社，2020 年版。

813. 朱勇：《儒者論法》，法律出版社，2020 年版。